高校体育运动
与健康促进研究

李涛　李斌　著

延吉·延边大学出版社

图书在版编目（CIP）数据

高校体育运动与健康促进研究 / 李涛，李斌著.

延吉 ： 延边大学出版社，2024. 7. -- ISBN 978-7-230
-06925-0

Ⅰ．G808.1；G807.4

中国国家版本馆 CIP 数据核字第 20249AS705 号

高校体育运动与健康促进研究

著　者：李涛　李斌
责任编辑：魏琳琳
封面设计：文合文化
出版发行：延边大学出版社
社　　址：吉林省延吉市公园路 977 号
邮　　编：133002
网　　址：http://www.ydcbs.com
E-mail：ydcbs@ydcbs.com
电　话：0433-2732435
传　　真：0433-2732434
发行电话：0433-2733056
印　　刷：三河市嵩川印刷有限公司
开　　本：787 mm×1092 mm　1/16
印　　张：11.75
字　　数：178 千字
版　　次：2024 年 7 月　第 1 版
印　　次：2024 年 7 月　第 1 次印刷
ISBN 978-7-230-06925-0

定　　价：68.00 元

前　　言

随着社会经济的发展和科学技术的进步，人们的物质文化生活水平有了很大的提高。然而现代生活与生产方式给人类的健康带来了极大的威胁与挑战。在这种社会背景下，人类更加关注自己的健康状况与生活质量，对终身体育的需求越来越强烈，而终身体育又要求学校体育与健康教育、生活教育相结合。因此，高校体育运动与健康促进问题的研究就显得尤为重要。

大学阶段是人生中绚丽多彩、值得一生回忆的重要阶段，也是进一步打好体质健康基础、养成良好运动习惯、掌握科学运动方法的重要时期。大学阶段养成良好的运动习惯及掌握科学的运动方法，将会使我们终身受益，让生活质量大大提高。

近年来，全国大学生体质健康工作有了较大的发展，大学生的健康观念和体育运动意识得到了加强。然而大学生的体质健康状况却不容乐观，特别是耐力素质、力量素质和速度素质呈下降趋势，这一问题与缺乏体育运动、不健康的生活方式及营养状况有关，同时也反映了在高校体育教学过程中，高校应该重视健康促进的重要作用。本书旨在通过对高校体育运动与健康促进的研究，为我国高校体育运动的开展与大学生体质健康的发展提供一些理论参考。

目　　录

第一章 健康及健康促进

第一节 健康与亚健康

一、健康

健康的定义是随着人类对客观世界认识的不断深化而改变的。随着物质生活的发展、科学技术和医学的进步，人们对健康的认识也日益明确。由于受传统观念和世俗文化的影响，长期以来，人们多把"没有疾病"作为健康的标准，把健康单纯地理解为"无病、无残、无伤"，这都是不确切、不全面的。世界卫生组织（World Health Organization，WHO）在国际初级卫生保健大会上所发表的《阿拉木图宣言》中指出："健康不仅是疾病与体虚的匿迹，而且是身心健康、社会幸福的总体状态。"该宣言还指出："健康是基本人权，达到尽可能高的健康水平，是世界范围内一项重要的社会性目标。"由此可见，健康是人类的一项基本需求和权利，也是社会进步的重要标志和潜在动力。我们要树立正确的健康观念，就要把健康问题看作全社会、全民族的事业，看作人类生存和发展的基本要素。社会各个部门都要把自己的工作和人民的健康联系起来，努力维护和增进人民的健康，促进社会的发展。每个社会成员不仅要对自己的健康承担责任，而且要对他人的健康乃至社会的健康承担责任。

"无疾病"的健康观是单纯的生物学的健康观，它机械地将健康与疾病视为因果关系。其实人体可能潜伏着病理性缺陷或功能不全，但表面上看却是"健康"的，只有出现症状和体征时才被认为是生病。事实上，有些疾病出现症状时，临床表现已是病入膏肓了，如肝癌、肺癌等。

健康是一个综合概念。在不同的历史发展阶段，人类对健康的认识随着生产、生活和社会结构的变化而变化。古希腊医学家希波克拉底认为，人体存在血液、黏液、黑胆、黄疸 4 种体液。如果 4 种体液配合正常，人就健康；如果配合不当，人就会生病。

16 世纪中叶以后，自然科学有了明显的进步，许多生物学家、医学家研究了人体结构和生命现象，取得了丰富的研究成果。这一时期的科学家认为，健康就是指人的生理机能在完善的情况下，体内所有器官和系统协调地相互配合并发挥作用，使人得以积极从事对社会有益的劳动。然而，这一认识仅重视生物理化因素和躯体疾患，将人体结构和功能的完好程度作为衡量健康的唯一标准，忽视了非生物因素的重要作用。18、19 世纪，由于工业革命的发生，人口集中于城市，公共卫生事业开始活跃，流行病不断蔓延，促使人们开始从社会学的角度来认识健康。越来越多的研究表明，人的健康不仅受生物因素的影响，而且受社会、心理因素和个人生活方式的制约。进入20 世纪，高度发展的信息社会改变了人们的生活方式，人们开始重视环境对健康的影响，科学家明确指出：健康是生态条件的函数。

健康绝不是大自然所赐予的一劳永逸的财富。健康是在人从降生到"完全成熟"的过程中逐步形成的。科学已证明：健康的保证不仅靠继承、靠遗传，而且靠社会条件。专家们一致认为，保持健康最好的手段是体育运动。

健康作为现在评价一个国家综合国力的重要指标，已经成为一项国际性目标。达到尽可能高的健康水平和实现健康公平，已经成为全球范围的共识和努力的目标。在联合国提出的千年发展目标（Millennium Development Goals，MDGs）中，降低儿童死亡率，改善产妇保健，与艾滋病、疟疾和其他疾病作斗争等三项目标与健康直接相关，而其他五项目标如消除极端贫困与饥饿、普及小学教育等也与健康密切相关，显示了健康作为全人类最基本、最重要资源的价值和意义。

健康并不是一个绝对的概念，而是一个动态的、连续的过程。对于健康的内涵需要从多个层面上进行解释（表1-1）。

表1-1 健康的内涵

健康	没有疾病，没有虚弱，表现出积极的健康
躯体	长寿、没有躯体疾病，健康风险低，不健康生活方式少 没有躯体症状，没有躯体健康失能 健康状况完好，保持促进健康的生活方式
心理	没有心理疾病 没有心理痛苦，没有心理失能 自尊、达观，有心理适应能力
社会	没有社会/家庭解体 没有社会/家庭摩擦 能发挥社会功能，得到社会支持，有归属感

二、亚健康

亚健康是介于健康与疾病之间的一种状态，又叫"第三状态"或"灰色状态"，是指机体在内外环境不良刺激下引起心理、生理发生异常变化，但尚未达到明显病理性反应的状态。从生理学角度来讲，就是人体各器官功能稳定性失调，但尚未引起器质性损伤，医学检查所得各项生理、生化指标均无明显异常，医学无法做出明确诊断的情况。在临床上，常被认为是疲劳性综合征、内分泌失调、神经衰弱、更年期综合征等。其在心理上的具体表现是精神不振、情绪低沉、反应迟钝、失眠多梦、白天困倦、注意力不集中、记忆力减退、烦躁、焦虑、易惊等；在生理上则表现为疲劳、乏力，活动时气短、出汗、腰酸腿疼等。此外，还有可能出现心血管系统变化，如心悸、心律不齐等。此种状态如能及时得到调控，可恢复健康状态，否则会导致各种疾病的发生。

国内外专家、学者的研究表明，现代社会完全符合健康标准的人大约只有 15 %，有疾病在身的人大约有 15 %，其余近 70 %的人都处于不同程度的亚健康状态。

导致亚健康的因素有：

第一，饮食不合理。当机体摄入热量过多或营养贫乏时，都会导致机体失调。

第二，休息不足，特别是睡眠不足。起居无规律、作息不正常已经成为当今社会人们的常见状态。

第三，过度紧张，压力太大。

第四，长久的不良情绪影响。

第二节 健康的价值与基本标准

一、健康的价值

在世界卫生组织的推动下，健康的新概念在全球得到了传播，并日益被人们所接受。同时，健康是社会进步的一个重要标志和潜在动力。促进健康不仅是卫生部门的责任，也是教育部门的责任，并且还是全社会的责任。个体不但要对自己的健康负责，而且要在促进他人和全社会的健康方面承担责任。这就要求人们重视健康的价值，具有增进健康的强烈意识，树立"人人为健康、健康为人人"的正确观念。

（一）健康既是学校教育的前提，又是学校教育的首要目标

健康在现代学校教育体系中占据着至关重要的地位，既是保障学生有效参与学习的前提条件，也是学校教育的核心目标之一。经常生病、情绪困扰频繁以及营养不良导致的精神状态低下等问题会严重影响学生的出勤率和学习效率。

学校教育在人生教育中起主导作用，学校需要有计划、有目的地安排好各项教育活动。我国的教育方针是使受教育者在德育、智育、体育、美育、劳育等方面得到全面的发展。这几方面各有特定的含义和任务，是互相联系、相辅相成的统一体。其中，体育就包含着促进学生健康的教育作用。

（二）健康是人们奉献社会和享有生活的基础和前提条件

生命的意义在于奉献。拥有健康，人们可以优化自己在社会生活中的地位和作用，使自我价值最大限度地体现出来，从而奉献社会。一个身体健康、精神饱满、具有良好社会适应能力的人，会有较高的生活质量，从而获得更多的幸福感；反之，如果没有健康的身体和健康的心理，生活质量就会有所降低，幸福感也会有所减少。

（三）健康是社会发展的基本标志和潜在动力

健康不仅仅是个人的事，它受多种社会因素的制约，如社会制度、经济状况、文化教育等。在一个社会安定团结、人民安居乐业、经济快速发展，以及文化教育先进的社会环境中，人们的健康水平会得到极大的提高。因此，健康是社会发展的基本标志。在充满竞争与挑战的现代社会中，拥有大批的高素质人才是一个国家可持续发展的优势。所谓高素质人才，就是德、智、体、美、劳全面发展的合格人才。健康的体质是思想道德素质和科学文化素质的物质基础，是高素质人才成才的物质基础。拥有健康的、高素质的人才是社会发展的潜在动力。

（四）人民健康是社会发展目标中的基本目标

《阿拉木图宣言》中指出："健康是基本人权，达到尽可能高的健康水平，是世界范围内一项重要的社会性目标。"1988 年，世界卫生组织总干事哈夫丹·马勒博士一针见血地指出："必须让人们认识到，健康并不代表一切，但失去健康，便丧失了一切。"我们要树立正确的健康观念，就要把健康看成是人类的一项基本需求和权利，看成全社会、全民族的事业。从这一角度来讲，人们的健康就成了社会发展目标中的基本目标。

二、健康的基本标准

健康的基本标准包括机体健康和精神健康两部分，具体可用"五快"（机体健康）和"三良好"（精神健康）来衡量。

（一）"五快"

第一，吃得快：进餐时，有良好的食欲，不挑剔食物，并能很快吃完一顿饭。

第二，便得快：一旦有便意，能很快排泄完大小便，而且感觉良好。

第三，睡得快：有睡意，上床后能很快入睡，且睡得好，醒后头脑清醒，精神饱满。

第四，说得快：思维敏捷，口齿伶俐。

第五，走得快：行走自如，步履轻盈。

（二）"三良好"

第一，良好的个性人格：情绪稳定，性格温和；意志坚强，感情丰富；胸怀坦荡，豁达乐观。

第二，良好的处世能力：观察问题客观、现实，具有较好的自控能力，能适应复杂的社会环境。

第三，良好的人际关系：助人为乐，与人为善，对人际关系充满热情。

第三节 影响健康的因素

一、遗传与生物学因素

遗传与生物学因素同个体的遗传基因、胎儿期的生长发育状况等有关，如基因特点、性别、年龄等。遗传与生物学因素对健康的影响除了表现在典型的遗传疾病外，还表现为现已查明的一些慢性非传染性疾病，如高血压、糖尿病、乳腺癌等的家族遗传性，而发育畸形、寿命长短也不排除有遗传方面的原因。另外，男性与女性生物学特点的差异，致使女性增加了与生育相关的健康风险以及女性生殖系统肿瘤的风险。同理，儿童阶段腹泻的发病率高于成人，老年人群心脏病的风险明显高于年轻人。

20 世纪初，人类已经开始逐步发现引起传染病和感染性疾病的各类病原微生物，也可以归为生物性致病因素。当然，随着科学技术的发展与进步，人们也在不断探索和利用遗传与生物因素的特点进行疾病的预防和控制，如疫苗的研制与使用等。

二、行为与生活方式因素

行为与生活方式因素对个人或集体健康都有着或多或少的影响。一些行为与发病、死亡、失能等密切相关，而这些不利于健康的行为和生活方式涉及范围十分广泛，如不合理饮食、久坐不锻炼、驾车不系安全带等。以美国为例，进入 20 世纪 70 年代以后，由于死亡率在先进医疗技术作用下仍不能持续下降，科学家总结死因后更加说明了行为与生活方式对于人们生活健康的重要性。欧洲一些国家运用教育、政策引导等策略改变国民不健康的生活方式，在降低慢性病发病率方面也有建树，如芬兰北卡地区于 1972 年开始，在全区实施从改变不健康生活方式入手的全方位干预计划，经过 15 年的努力，取得了明显的成效。

事实上，行为与生活方式同健康的关系不仅仅表现在作为慢性非传染性疾病的危险因素，同时也与感染性疾病的预防与控制、卫生服务的利用与疾病治疗密切相关，如个人卫生习惯及行为与生殖道感染、腹泻等相关，而及时就诊、遵从医嘱等行为又影响到疾病的早期发现、及时合理治疗。可见，行为与生活方式对健康的影响具有重要的意义。

三、自然环境因素

自然环境指的是人们生活的物质环境，也是人类赖以生存的物质基础，与人们的生活、工作息息相关，如食物、水、空气等。人们对于室外环境对健康的影响的认识较多，如大气污染、基本卫生设施缺乏、没有安全饮用水等对健康造成的危害。近年来，人们也越来越多地重视室内环境对健康的影响。此外，职业环境存在很多不安全的环境因素，如粉尘、有害化学物质等，当工作环境恶劣且防护措施不到位时，会极大地增加人们特别是低收入流动人口职业伤害的风险。从更为广泛的视角看，全球生态环境的变化正在带来直接和间接的健康效应，如气候变化引起的光化学污染物和空气过敏原的暴露增加了对呼吸系统的影响，虫媒传染病范围和活动性的变化及土地退化造成的食品安全问题，等等。

四、社会环境因素

社会环境的内涵丰富，包括社会经济、政策、教育、人们所处的社会阶层、民族、文化、社会性别准则等，也被认为是健康的社会决定因素。疾病的发生和转化直接或间接地受社会因素的影响和制约，而且健康与社会发展的双向作用已被不少国家和地区的实践所证实。例如，受教育程度高的人更容易采纳有益于健康的行为及生活方式，如养成良好的饮食习惯、更积极有效地利用卫生保健服务等。

家庭成员、朋友、同事、社区成员等构成了一个社会网络，来自社会网络的物质帮助和心理支持对人们的健康也有重要影响，有较强社会网络和社会支持的人健康状况更好，反之则不然。此外，社会文化因素会影响人们对健康与疾病的认识及态度，也会影响到诸如饮食习惯等行为因素，进而影响到健康。

五、卫生服务因素

所谓卫生服务，主要是指卫生机构和人员采取各种方式或手段，面向群体或个人提供的防治疾病、增进健康的服务过程。卫生服务能力低下、医疗卫生保障缺乏及医疗费用昂贵会极大阻碍人们对卫生服务的可及性与利用，可能会导致健康受到损害。为此，需要建立健全各级卫生保健服务体系、医疗卫生保障体系，提供以人为本的高质量的医疗卫生服务，确保适宜的卫生服务价格，才能有效担负起卫生服务体系对健康的责任，促进人群的健康。

六、生物因素

在生物因素中，最影响人类健康的是遗传因素和心理因素。现代医学发现，遗传病不仅有两三千种之多，而且发病率高达 20 %。因此，重视遗传对健康的影响具有特殊意义。心理因素与疾病的产生、防治有密切关系，消极的心理因素会引起许多疾病，积极的心理状态是保持和增进健康的必要条件。医学临床实践和科学研究证明，消极情绪如焦虑、怨恨、悲伤、恐惧、愤怒等会使人体各系统机能失调，出现失眠、心动过速、血压升高、食欲减退等问题；而积极的、乐观的、向上的情绪却能经得起胜利和失败的考验。总之，心理状态是社会环境与生活环境的反映，是影响健康的重要因素。

第四节 健康促进概述

一、健康促进的含义

随着健康教育理念在世界范围的推广，大量的健康教育实践经验表明，行为的改变是长期而复杂的过程，单纯的教育手段只能作用于人们的认知、技能的提高，进而促使行为及生活方式发生改变，很多时候环境条件的制约、政策的缺乏可能阻碍人们采纳健康行为意愿的实现。例如，当人们打算做到饭前便后洗手时，水资源的缺乏可能导致洗手行为无法实施；当人们出现健康问题打算就诊时，可能由于缺乏必要的医疗保障政策和制度而担负不起高昂的医疗费用，致使人们放弃求医行为。内因是事物发展变化的依据，外因是事物发展变化的条件，二者缺一不可。

20世纪20年代，"健康促进"一词就已经出现，之后便受到了高度的重视。健康促进是一种干预政策，利用社会、经济及政治的力量，不断地改善人群健康的活动过程。从狭义角度讲，健康促进强调了在改变个人和群体行为过程中环境、政策支持的重要意义；从广义角度讲，环境、政策等对健康的贡献不仅表现为促进健康行为及生活方式的形成，还表现在环境条件改善对健康的贡献，以及政治承诺、促进健康的政策对健康的直接影响。

二、健康促进的五个活动领域

1986年11月21日，首届国际健康促进大会通过的《渥太华宣言》对于健康促进发展具有里程碑的意义。它不仅奠定了现代健康促进的概念和理论，明确了健康促进是实现《阿拉木图宣言》提出的初级卫生保健目标的重要策略，确立了健康促进的核心功能地位，也说明了健康促进的主要活动领域。从健康的影响因素分析不难理解，解决健康问题，减轻和消除危险因素，实现预防疾病、增进健康的共同目标，已经远远超出了卫生领域的职能和涉及的范畴。因此，健康促进需要政府担负起健康责任，需要各有关部门、社会团体、民众共同参与。《渥太华宣言》指出的下述健康促进的五个活动领域也需要动员全社会力量去践行。

（一）制定促进健康的公共政策

政策对于健康、健康行为的影响至关重要，各个部门、各级政府和组织的决策者都要把健康问题提到议事日程上，以了解他们的决策对健康后果的影响并承担相应的责任，特别是非卫生部门（如工业、农业、教育、财政等）在决策中要能预先评估政策可能对健康产生的影响，进而使部门制定的公共政策能对健康产生积极的促进作用。

（二）创造支持性环境

生产、生活环境乃至生态环境与人类生存和健康息息相关，保护自然环境与自然资源，创造安全、舒适、愉快和健康的生活和工作环境，也是健康促进的重要活动领域。该领域的工作内容包括评估环境对健康以及健康相关行为的影响，通过政策倡导和有针对性的环境策略为行为改变提供支持性环境，合理开发、利用自然资源等。

（三）加强社区的行动

社区的特点是有一定的组织形式、资源，有一定规模、特点相近的人群，有共同的生产、生活环境和政策，因此，提升社区能力与参与行动，是健康促进的重要活动领域。加强社区行动首先要赋权，激发社区领导、居民的主人翁意识，分析发现社区的健康问题，确定社区的健康目标；然后提出解决问题的办法，并充分发动社区力量，积极地制订社区保健计划，实现社区健康发展的目标。

（四）发展个人技能

个人技能是多方面的，包括基本的健康知识、疾病预防与自我保护技能、自我与家庭健康管理能力、保护环境与节约资源的意识，以及维护公共健康与安全的意识和能力等。除了要鼓励个体不断学习卫生知识、培养良好的生活习惯、解决种种健康问题外，学校、家庭、工作单位等功能社区和居民社区都有责任帮助人们发展个人技能，从个体和群体水平预防疾病、增进健康。

（五）调整卫生服务方向

长期以来，世界范围内都将临床医疗作为卫生服务的主体，疑难及重症疾病的治疗占据了大量的卫生资源，而人们的卫生需求却以预防保健、基本医疗服务为主，形成了卫生投入及资源配置与人群卫生服务需求之间不对等的局面。调整卫生服务方向意味着需要转变观念，真正体现预防为主的思想，将健康促进和预防作为提供卫生服务模式的组成部分，逐步使卫生投入和资源配置与人群的卫生需求更好地统一起来，以适应广大群众日益增长的公共卫生服务需求，让最广大的人群公平受益。

三、健康促进的基本策略

（一）倡导

主要强调的是针对政策决策者运用倡导的策略，促进有利于健康的公共政策的制定和出台。此外，倡导的策略还可用于说服和动员多部门关注健康，激发各部门和人群参与的积极性，共同创造促进健康的社会氛围与环境。

（二）赋权

提高社区人群的健康意识，使他们掌握科学、正确的健康促进方式的同时，不断地赋予个人健康促进的潜能，最终增强个人、家庭及社区三者间健康促进的责任意识，并付诸实践。

（三）社会动员

所谓社会动员，其对象自然是包括社会各领域的个人或集体。远大的目标是社会动员成功的基础，而各领域的利益也是打动集体的关键，利益和目标能够使健康促进进一步发展。

四、健康促进的产出

健康促进是一个全社会动员和参与的系统工程，最终目的是提高全人类的健康水平和生活质量。其活动领域的广泛性和实现目标的递进性，决定了健康促进的产出是多方面和多层次的。健康促进主要有以下三种产出模式：

（一）健康与社会产出

健康产出：发病率/伤残率下降，减少可以避免的死亡。

社会产出：提高生活质量、公平性。

（二）健康结局的中间产出

健康的行为与生活方式：不吸烟、运动、合理膳食等。

有效卫生服务：预防保健服务、临床医疗服务、提高服务的可及性。

健康环境：安全的生产/生活环境、食品供应基本设施与条件的完善等。

（三）健康促进产出

健康素养：知识、态度、动机、行为意向、个人技能等。

社会活动：社区参与、社区赋权、社会规范、公众舆论等。

组织与政策：法律法规政策、资源配置、组织保障等。

五、健康促进的社会作用

（一）卫生保健事业发展的必然趋势

当今世界政治、经济、科学技术快速发展，推动人类社会不断进步，医疗卫生事业发生了深刻变化。健康问题面临着疾病谱、死亡谱发生根本性变化的形势，行为和生活方式、社会因素等对健康的影响起着重要作用，全球化影响的趋势在增加，疾病的预防和控制需要国际、国内社会各方面的积极配合与参与。

（二）一项低投入、高产出、高效益的保健措施

健康教育引导人们树立良好的行为和生活方式来追求健康的目标，这是低成本、高效益的保健措施。健康促进尽管在促进环境的改变中需要一定的资源保证，但它的投入与其对健康的长期效用和高昂的医疗费用相比是值得的。

（三）提高和实现人人自我保健意识的重要举措

健康教育与健康促进会使人们的自我保健意识有不同程度的提高。

六、健康促进的社会任务

第一，积极主动争取和有效促进领导层、决策层转变观念。

第二，积极促进医疗卫生事业部门转变服务观念和职能。

第三，促成并逐步确立有利于健康的外部环境。

第四，增强个人、家庭和社区对预防疾病、增进健康、提高生活质量的责任感。

第五，在全民中深入开展健康教育，使其养成文明、健康、科学的生活方式。

七、健康促进的工作环节

健康促进是公共卫生领域的基本工作模式之一,世界各地的调查研究均提供了令人信服的证据,证明了健康促进是有效的。健康促进的策略能促进健康行为,并决定健康的社会、经济和环境状况,是实现人人平等享受健康的有效手段。实施健康促进由以下五个环节组成:

(一)政策和组织

要想使健康促进真正得到实施,正确的政策是先导。积极争取各级领导对健康促进的支持,激发各个部门、各个组织对健康问题予以高度关注,协调制定有关政策,保证提供有关的资源,形成一个良好而稳定的、能实施健康促进工程的政治、经济、文化、教育、人际关系环境。同时,为了保证健康促进工作有序进行,还应有一个配置合理、职责明确、协调有方的组织管理系统,成立由多方参与的各级健康促进委员会,争取通过立法程序,把健康促进纳入社区的工作议程中,并列入考核指标。

(二)人员动员与参与

联合国儿童基金会制定了"社会动员"的纲领,它与健康促进是不可分割的一个整体。纲领提出,要采取一系列综合的、高效的策略,动员社会和群众参与健康促进行动。社区动员是健康促进的主要策略,应对社区、组织、家庭、个人、健康促进专业人员以及卫生工作人员进行动员,促使大家参与其中。另外,要想加强健康促进的能力建设,健康教育是最佳的途径。

(三)监测

对不同场所各种影响健康的危险因素以及可能造成的危害所采取的干预措施予以监督,为在健康促进工作中确定方向、制定目标和工作策略、评价干预结果提供依据。

（四）干预

干预环节是五个环节中的核心。在社区、学校、企业、医疗卫生机构等场所，对各种影响健康的危害因素，如高血压、肥胖、心理障碍、环境污染等，采取制定政策、治理环境、宣传教育、卫生服务、发展个人技能等措施，从而促进人们养成健康的生活方式。

（五）评价

评价环节真实地说明干预的结果。主要评价在实施各项干预措施中执行的情况，以及干预产生的效果和价值，为不断总结和改进健康促进工作积累经验，提供借鉴。

八、健康促进的工作过程

（一）需求评估

确定社区存在的健康问题，确定存在健康问题的重点人群及危险因素，确定危险因素在人群中的分布情况，获取社区对健康促进工作项目的承诺。

（二）项目计划

确定目标人群并掌握他们对优先健康问题的知、信、行现状，向目标人群传播基本信息和重要的可变行为、项目计划的总目标与具体目标、策略和活动，制订监测和效果评价计划。

（三）资源动员

确定实施项目所需要的一切社区资源，并努力发现和动员社区内外可利用的资源。

（四）实施项目

明确实施项目，并对项目进行预试。实施社区和组织的能力建设，对专业人员、基层卫生人员、志愿人员进行培训，对提高社区人群健康意识与技能进行宣传和教育。

（五）过程评价

监测计划执行的质量、策略和活动的即时效应，改进计划的策略和活动。

（六）效果评价

评价目标产生的原因、达到的程度和出现的问题，提出改进项目计划的建议。

（七）报告结果

确定报告的对象、内容和形式，报告结果，推广经验。

第二章 高校体育运动促进大学生健康的
理论与方法

第一节 大学生健康促进的基本构成

由于人们的体质不同，在制定促进健康的方法时应因人而异。健康促进的指导者要了解被指导者，要对他们个人的不良行为进行正确的调整和指导教育，从而循序渐进地达到提高体质水平、促进身心健康的目的。综合来讲，人体健康来源于多方面的因素，平衡、营养的饮食，良好的心理状态，以及科学、合理的运动等都是促进人体健康的重要因素。

一、生长发育

（一）生长发育的概念

生长过程从理论上讲是细胞的裂变、繁殖、增大以及各细胞间质增加的过程，具体表现为身体各部位的组织、器官及全身关节、骨骼的大小、长短和重量的增加与身体化学组成成分发生的一系列变化。

发育的过程则是人体各器官、组织和系统功能经过一系列分化和不断完善，智力、心理得到充分锻炼，以及人体从初始状态发展到成熟状态的过程中，所发生的一系列变化。

虽然生长和发育的概念和内涵不同，但两者相互依存，生长是发育的前提，发育是生长的结果，前者是量变过程，后者是质变过程。

人体生长发育到成年时趋于成熟，人体一旦成熟就意味着生长发育结束。成熟具体是指人身体各部位的发育达到了一定的水平，如身高、体重的增加，牙齿骨骼的钙化完成，身体各器官的基本完善，以及性器官具备了繁殖后代的能力，等等。

（二）生长发育的一般规律

1.生长发育的量变和质变过程

生长发育是从出生后开始算起，经婴幼儿、儿童、少年、青年、壮年和老年六个生命生长及老化的整体过程。人体在儿童及少年阶段，身体形态与成年人比相对较小，身体的机能和器官系统的完善度与成年人比有本质区别。

人体的生长发育是从微小的量变到根本的质变的复杂过程，身体在完成结构和功能的生长和成熟的同时，体积也在不断地增加。人体在生长发育的过程中还有一种现象，其从量变到质变的过程并没有明显的界限，但又不是没有区别，如大脑的发育。大脑在生长过程中，脑部的思维记忆和综合分析能力在不断发展，即使大脑的重量不再增加，但脑部的功能还在逐步完善。

2.生长发育的连续性和阶段性

生长发育在人体发育成熟前，是一个持续的过程，短期虽然看不出明显的变化，但是身体却自然地按照一定的变化程序呈现出阶段性发展的特点。在神经系统和运动器官的发育过程中，随着人体形态的变化，动作技能也逐步得到完善。在婴幼儿时期最早发育的是头部运动，如抬头和转动头部；接着是上肢运动，如抓物；再就是躯干运动，如直坐、翻转；最后才会发展到下肢运动，如站立和行走。人们称这种从头到脚的发展过程为"头尾发展规律"。在这种规律发展的过程中，头颅发育早于躯干发育，躯干发育又早于四肢发育，同时，神经系统将优先于运动器官得到发育的机会，从而对语言、智力和身体各种生理活动的发展有很大的益处。

人体在生长发育的过程中除了"头尾发展规律"这一特征外，还有另一特征，就是向心发展的特征。这一特征主要表现在青春期生长的突增阶段，这个时期身体各部位突增的顺序是先远后近的。第一个突增的是足部，最先停止增长的也是足部，六个月以后开始突增的是小腿，接着是大腿，骨盆宽和胸宽也依次突增，躯干的长度是从青春期后期开始突增的，最后开始突增的是胸壁厚度。一般在大腿突增之后、骨盆突增之前，上肢也会基本按照向心的特征开始突增，它的顺序为：先是手，接着是前臂，最后是上臂。

3.生长发育的波浪式规律

生长发育不是匀速直线上升，而是时快时慢的波浪式发展。人由生到死可分为胎儿期、婴儿期、幼儿期、童年期、青春期、青年期、成年期、老年期。从生长发育的角度而言，人有两次快速生长发育的时期，即胎儿及婴儿期、青春期。

人体两个生长发育期的特点完全不同，胎儿及婴儿期主要是人体从一个头部偏大、躯干较长、四肢短小的胎儿，发育到身体各部位比例都比较匀称的儿童时期。

青春期发育也被称为第二次突增期，这个时期是人体由儿童发育到成人的过渡期，从体格突增开始，到躯干停止生长、骨骼完全愈合、性发育成熟结束。一般认为，青春期发育开始的时间为：男性骨龄 13 岁左右，女性骨龄 11 岁左右。

青春发育突增期有以下四个特点：

（1）身高年增长值明显增加，平均在 7~9 厘米。

（2）体重明显增加，体形趋于成人化。

（3）内脏器官趋于健全。

（4）生殖器接近成熟，出现第二性征。

第二性征也被称为副性征，是指除生殖器以外的身体其他部位所表现出来的性别差异，如阴毛、腋毛、喉结、胡须、乳房、月经、遗精等，这是性发育的外部表现。

人的第一性征也被称为主性征，指的是两性之间不同的生殖器官特征。这在人刚出生时就形成了，有阴茎的是男孩，有阴道的为女孩。而第二性征是在性激素的作用下所发生改变的人体特征。

受性腺激素的影响，青春期时的男女两性会出现一系列的性别特征。在青春期以前，性腺在体内一直处于休眠状态，一旦进入青春期，性腺会开始复苏，它所分泌的激素——性腺激素，是决定青春期男女第一性征和第二性征的主要因素。

青春期后，少男少女的第二性征有明显的差异，女性主要表现为：乳腺迅速发达，乳房丰满而隆起，出现阴毛和腋毛，骨盆宽大，皮下脂肪增多，音调变高，等等；男性主要表现为：声音低沉，骨骼变得粗大，出现阴毛和腋毛，喉结开始突出，长胡须，等等。

（三）影响生长发育的因素

生长发育是指机体和遗传性、外界、适应性三者对立统一的过程。决定机体生长发育潜力的是来自父母双方的遗传因素，但是遗传因素的潜力要依赖各种环境因素的配合，才能充分发挥。

1.营养

营养是保证人体正常生长发育的物质基础。在人体的生长发育阶段，为了使同化作用超过异化作用，必须有充足的营养做保证。这些营养素包括足量的蛋白质、一定量的脂肪和糖、各种矿物质、丰富的维生素和适量的微量元素等。

热量和蛋白质是人体生长发育的物质基础，缺乏热量和蛋白质会造成营养不良，尤其是对大脑发育的影响很大。脂类物质尤其是磷脂，能参与生成神经细胞和其他组织细胞。维生素是促进人体生长发育的重要原料，如维生素 D 能促进钙磷代谢，有助于骨骼发育；维生素 C 不但能促进成骨细胞和成齿细胞的生长，维护儿童、少年牙齿釉质和骨髓的发育，而且能促进儿童、少年免疫系统的生成。微量元素对儿童生长的作用也很重要，如锌可参与人体内 50 多种重要代谢酶的代谢活动，协助合成核酸和蛋白质，锌缺乏会导致儿童、少年血液内雄性激素水平下降，引起性器官和第二性征发育迟缓，严重者则表现为侏儒症。

营养不良固然有害，但营养过剩同样会妨碍儿童、少年的生长发育。肥胖也会给儿童、少年带来许多健康问题。

2.遗传

遗传因素对人体生长发育的影响是毋庸置疑的，但是受遗传因素影响最大的部位有：体形、骨龄、齿龄、躯干和四肢。不管生活环境怎么变化，遗传因素一直存在，即使在良好的环境下长大的孩子，其成年以后的身高、体形在很大程度上也取决于遗传因素。

3.疾病

任何急、慢性疾病对儿童、少年的生长发育都有一定的负面作用，其影响的大小取决于病理变化的部位、病程的长短以及病情的严重程度。假如身体某些器官发生器质性改变，必然会影响其全身的机能，并会打破新陈代谢的正常规律，影响人体的生长发育。严重的慢性病、流行病和感染性疾病，对儿童、少年生长发育的影响更大，如乙型脑炎、脑膜炎等，由于疾病侵犯大脑皮层细胞，可能会给儿童、少年的智力发育带来不可逆的损害；再如 1 型糖尿病、内分泌障碍性疾病等，由于抑制了下丘脑、垂体、性腺等内分泌功能的正常发挥，可能会影响儿童、少年体格和机能的发育。

4.气候和季节

非洲地处热带，非洲人需要比地处欧洲的人散发更多的热量，因此上、下肢较长；在北极地带生活的人群腿短、胸壁厚，这样在寒冷的气候中更容易保温。群体遗传学研究结果表明，不同人群的体重、身高指标与其生活所在地的年平均气温的高低有关。种族之间在生长发育上的差异本身就是人类在长期进化过程中对环境（包括气候）的适应性反应。

不同季节的温度、光照等外界刺激通过对皮层和皮层下某些中枢神经系统起作用，会影响内分泌腺体的激素分泌活动，所以说季节会对生长发育有一定程度的影响。综合来讲，身高在春季增长最快，体重在秋季增长最快。科学研究表明，身高增长最快的是3~5月份，此时新的骨化中心出现的个数要多于身高增长较慢的月份。

5.社会环境

社会因素对儿童、少年生长发育的影响是综合性的，包括经济状况以及与之有关的营养、居住、医疗、体育等条件。国外早期的调查表明，富裕家庭的子女比同龄的贫寒家庭的子女身高平均高出3厘米，多子女家庭的子女比独生子女家庭的子女平均矮2厘米。

城乡差别也是社会因素影响生长发育的表现。某市的统计结果显示，城市学生青春期生长突增的开始年龄和月经初潮的出现年龄都比农村学生提前一岁。而且国内外的调查也表明，城区儿童的发育水平高于近郊区，近郊区儿童的发育水平又高于远郊区。

心理因素也会影响儿童生长发育，如缺乏家庭温暖或遭遇歧视会给正处于生长期的儿童、少年造成精神创伤，从而使其出现生长发育迟缓、身材矮小、情感障碍等问题。这主要是不良环境对中枢神经系统形成了长期的恶性刺激，导致下丘脑分泌的生长激素和释放的激素不足而引起的。一系列的调查证实，改变恶劣环境后的儿童、少年的生长速度会大大加快，有些最终可达到正常的生长发育水平。

近年来，环境污染也被认为是影响儿童、少年生长发育的重要社会因素。

6.体育运动

生长发育期内增强体质和促进身体发育的最有利的因素就是科学的体育运动和合理的体力劳动。遗传特征能使机体自然增长，科学的体育运动也可以作为改善自身潜能的有效手段，还可以利用各种营养物质，充分发挥机体的生长潜能，促进人体新陈代谢，提高机体免疫水平，全面地提高人体机能的发育水平。

（四）生长发育的健康促进

生长发育的健康促进应遵循生长发育的规律，充分利用自然增长的机会和潜力，改善不利于生长发育的影响因素。这是儿童、少年健康成长的重要保障，其具体表现如下：

第一，优生优育已经引起人类极大的重视，保证父母拥有良好的生活习惯、无遗传性疾病和健康的体质是儿童、少年良好发育的重要前提。

第二，科学合理的膳食是保证儿童、少年良好发育的重要基础。

第三，适宜的体育运动可以调节机体的新陈代谢、改善神经系统与内分泌系统的功能机制，对儿童、少年的生长发育会产生有利影响。

第四，保持儿童、少年良好的心理状态和生长环境是非常重要的。

二、生活习惯

（一）生活习惯的概念

生活习惯是构成生活方式的重要因素之一，也被称为狭义的生活方式，一般包括衣、食、住、行以及闲暇时间的利用等。

在青少年时期能够养成良好的生活习惯，不仅会对当前的健康状况有积极的影响，而且对未来一生都会有极其重要的作用。

（二）生活习惯评价

1. "莱斯特"健康生活习惯

美国加州大学公共健康系莱斯特·布莱斯诺（以下简称"莱斯特"）博

士和他的研究组经过 9 年的追踪研究，证实正确的日常生活方式对身体健康产生的影响要远远超过药物对健康的影响。因此，莱斯特博士建议要养成以下有助于健康的生活习惯：

（1）早餐有规律。

（2）严格控制体重（不低于标准体重的 10 %，不高于 20 %）。

（3）规律、合理地锻炼。

（4）每日保证充足的睡眠。

（5）少食多餐。

（6）不抽烟。

（7）不饮或少量饮低度酒。

（8）每年至少检查一次身体。

2.健康的生活方式

有学者将有利于健康的生活方式总结为以下九点：

（1）吃得正确。保持饮食平衡和饮食有规律，会有助于现在和将来的健康。

（2）喝得正确。喝干净的水，不要过量饮酒。

（3）不吸烟。保持健康应当避免吸烟。

（4）适当放松。运动、听音乐、欣赏艺术、阅读、与其他人交谈都很有益，并可帮助你成为兴趣广泛的人。

（5）积极自信。富有创造性，珍惜青春。

（6）知道节制。遇事能三思而后行，这样大部分事故是可以避免的。

（7）负责的性行为。了解自己的性行为并对此负责。

（8）进行科学的运动，可获得健康。

（9）不吸毒。

3.生活方式问卷

W.E.普伦蒂斯于 1999 年建立了生活方式自评量表，可用于对青少年生活习惯的评价。

该表从六个方面进行评价，即人们的饮食习惯、安全习惯、运动锻炼习惯、应激控制能力、抽烟、喝酒以及药物使用情况。

量表由六个部分组成，共 24 道题，每个题目有 3 个选择（"一直""有时""从未"），每个选项对应相应的分值，学生可根据自己的情况在选项上画钩，计算出每个项目的总分值并进行评价，如表 2-1 所示。

表 2-1 生活方式自量表

	一直	有时	从未
1. 吸烟			
(1) 我避免吸烟。	□	□	□
(2) 我偶尔吸烟，且仅吸低焦油和低尼古丁的香烟。	□	□	□
2. 药物和饮酒			
(1) 我避免喝酒。	□	□	□
(2) 我一天喝酒不超过一次。	□	□	□
(3) 当服某些药物(如安眠药、止痛药、感冒药等)时，我不喝酒。	□	□	□
(4) 当我服药时，我遵循医嘱。	□	□	□
3. 饮食习惯			
(1) 我每日吃各种食物。	□	□	□
(2) 我少吃高脂肪的食物。	□	□	□
(3) 我少吃含盐量高的食物。	□	□	□
(4) 我避免吃太多的甜食。	□	□	□
4. 体育锻炼习惯			
(1) 我保持理想的体重，避免过重或太轻。	□	□	□
(2) 我一周至少进行 3 次有氧运动(如跑步、游泳、散步等)，且每次 15~30 分钟。	□	□	□
(3) 我一周至少进行 3 次以提高力量为主的运动(如健美操、各种力量练习等)，且每次 15~30 分钟。	□	□	□
(4) 我常利用业余时间参与个人、家庭或集体的活动(如打保龄球、球类运动等)。			

续表

	一直	有时	从未
5.应激控制能力			
(1)我喜欢学习或其他工作。	☐	☐	☐
(2)我发现自己容易放松和自在地表达情感。	☐	☐	☐
(3)我常对可能有压力的事件和情景早做准备。	☐	☐	☐
(4)我有亲密的朋友、亲戚，能与他们讨论隐私，并在需要时请求他们的帮助。	☐	☐	☐
(5)我常参加集体活动。			
6.安全习惯			
(1)我睡觉前会检查门是否关好。	☐	☐	☐
(2)我骑自行车或开车时不追求速度。	☐	☐	☐
(3)我不乱穿马路。	☐	☐	☐
(4)当使用有危险的物质或产品(如电线板开关、灭蚊子的药水等)时，我会很小心。	☐	☐	☐
(5)我从不在床上吸烟。			

注：（1）以上表格列出了有些人可能会有的问题，请仔细阅读每一条，然后根据自己的实际情况，在三个方格中选择一个画钩。

（2）选择"一直"为 2 分，选择"有时"为 1 分，选择"从未"为 0 分。但你可能并没有意识到危险的存在。对于吸烟这部分来说，0~1 分意味着你有健康方面的潜在危险。

评价：9~10 分说明你意识到某一方面对你健康的重要性，并已注意保持良好的生活习惯；6~8 分说明你在某一方面有良好的生活习惯，但仍有一些需要改进的地方；3~5 分说明你存在健康方面的问题，需要咨询医生如何减少健康方面存在的潜在危险。需要注意的是，对于吸烟这一部分而言，3~4 分说明你保持着良好的生活习惯；0~2 分说明你存在着健康方面的潜在危险，但你并没有意识到危险的存在。

（三）生活习惯与健康促进

建立良好的生活习惯可以有效地促进健康。

有学者用"HELP 理论"来诠释建立良好生活习惯的必要性。HELP 是由四个英文单词的首字母组成的，H=Health（健康），E=Everyone（每个人），L=Lifetime（一生），P=Personal（个人）。这一理论的含义是：Health 是生命的根本，人们首先要对健康有正确的认知，而健康的机体来自健康的生活习惯，养成并保持良好的生活习惯会有效地促进身心健康的发展，并使人具有良好的体质；Everyone 即每个人都要认识到健康的重要性，在自身具有良好生活习惯的同时应该去影响周围的每一个人形成良好的生活习惯；Lifetime 要说明的是健康促进的效果有可能会滞后显现，人们应该尽早地从生命早期就培养自己健康生活的好习惯，养成良好的习惯越早，身体受益的时间就越长；Personal 的含义是健康的生活习惯应基于个人需求，健康促进的指导者要了解被指导者，对他们的个人不良行为做出调整，健康促进的方法应因人而异，循序渐进，以达到增强身心健康、提高体质的目的。

三、平衡膳食

人体在维持生命和各种活动时均需要消耗一定的热能，所以营养是维持人类生命活动的基础，它主要起着产生能量、调节代谢、促进生长的作用。合理膳食、平衡营养是维持健康的重要因素。

在社会经济迅速发展的现代社会，我国民众的饮食结构发生了巨大的变化，但是由于很多人缺乏营养知识，致使一部分人的健康状况不容乐观。这部分人的饮食结构中鸡、鸭、鱼、肉的比重过大，绿色蔬菜过少，导致脂肪、胆固醇、纯热量过高，维生素及纤维素严重不足。这种不平衡的膳食结构，导致肥胖病、高血压、糖尿病以及心脑血管疾病等的发病率不断增加，并且发病的年龄越来越年轻。

合理的膳食营养会促进人体健康。不管是营养过剩还是营养缺乏，均会对人体健康产生不利影响。合理的营养摄入主要是通过平衡膳食来实现的，平衡膳食是指：人体所有所需物质含量充足，并且基本营养素的配比适中。目前，不少国家和饮食机构都专门制定了膳食安全摄入量的标准与建议，用来作为饮食平衡的基本依据。

（一）膳食营养概述

营养是指人体摄入、吸收维持身体生长发育和组织更新的食物中的营养成分，食物中具有营养功能的物质叫作营养素。人体通过食物获取并充分利用营养，为身体提供必需的能量，调节人体的生理功能。

目前一般把营养素分为六大类：糖、脂肪、蛋白质、维生素、矿物质和水。这些营养素参与机体组织结构的构建、能量的供给、新陈代谢及其内环境的稳定和调节等各种生理、生化反应和生命活动。人体在维持生命和各种活动时均需要消耗一定的热能，所以营养是维持人类生命活动的基础。

食物一直是人类摄取营养以维持生存的唯一途径。营养学专家认为，人类的营养应尽量从膳食中获取。

（二）膳食营养评价

膳食营养评价最常用的方法是进行营养调查，其目的是尽早发现营养不足、营养过剩或膳食结构不合理等问题，并按照平衡膳食的原则进行改进，以维持能量代谢平衡，确保健康。

1.营养调查的基本方法

营养调查的内容总共包括三个部分：第一，体格检查；第二，膳食调查；第三，生化检验。对于健康人群而言，最简便易行的方法就是膳食调查，所以此方法最为常用。

（1）体格检查是指调查者通过体质检测评价被调查者的健康和生长发育状况，再通过问诊和体征观察了解被调查者有无营养缺乏病。

（2）膳食调查一般是统计被调查者一段时间内每人每日膳食摄入的具体

种类和数量，利用食物成分表计算出每人每日膳食中各种营养素和能量的摄取量，并在此基础上与推荐的各营养素供给量进行比较，以判断这些营养素和能量的摄取是否适当、营养是否合理。

（3）生化检验是通过抽取被调查者血液与尿液中所含有的营养素及相关成分进行生化检验，从而来了解被调查者体内营养素的存储及代谢状况。

2.膳食调查方法

膳食调查因方法简便，在营养评价中被广泛应用。膳食调查一般为3~7天。调查方法有记账法、称重法和询问法。在青少年膳食营养评价中，一般采取询问法。

（1）询问法膳食调查的具体方法是：通过面对面询问、电话询问或填写问卷的方法填写膳食调查表（表2-2），再进行整理和计算。询问法膳食调查一般连续进行3~7天，取其平均数进行统计分析，以减少误差。

为保证调查的准确性，应在调查前对被调查者进行培训，指导他们进行正确和详尽的表述，尽量不要有疏漏。

表 2-2 膳食调查表

姓名：　　　　性别：　　　　年龄：　　　　调查日期：　　年　　月　　日

餐别	食物名称	实际进食量	备注
早餐			
中餐			

餐别	食物名称	实际进食量	备注
晚餐			
加餐			

（2）膳食评价是根据已获得的平均每人每日各种食物的摄入量，对照食物成分表进行计算、分析，得出下列结果，并写出评价报告。

第一，每日各营养素的平均摄入量。

第二，各种营养素日平均摄入量占推荐的适宜摄入量的百分比。

第三，三餐能量分配百分比的分析与评价。

第四，三大能量营养素摄入百分比及与推荐百分比的对比。

第五，动物蛋白质占蛋白质的百分比。

第六，不同种类的食物摄入量。

（三）平衡膳食与健康促进

1993 年我国颁布的《九十年代食物结构改革与发展纲要》中指出：食物要多样，粗细要搭配，三餐要合理，饥饱要适当，甜食不宜多，油脂要少吃，饮酒有节制，食盐要适量。为了引导人们平衡膳食，中国营养学会发布了《中国居民膳食指南（2022）》，提出了平衡膳食八准则：

第一，食物多样，合理搭配。

第二，吃动平衡，健康体重。

第三，多吃蔬果、奶类、全谷、大豆。

第四，适量吃鱼、禽、蛋、瘦肉。

第五，少盐少油，控糖限酒。

第六，规律进餐，足量饮水。

第七，会烹会选，会看标签。

第八，公筷分餐，杜绝浪费。

专家制定的平衡膳食有以下九点内容：

第一，学会计算每日所需的热能，保证收支平衡。

第二，糖、脂肪、蛋白质摄入比例合理。

第三，三餐准时，早餐好，午餐饱，晚餐少。

第四，食物力求多样。

第五，节食时不要少水果、蔬菜。

第六，除心肾不全者，每日饮水1.5升，每次350毫升。

第七，学会计算自己的理想体重，并为之努力。

第八，学会烹调知识，少油炸，多清蒸，低盐，清淡。

第九，饮酒适度，戒烟。

合理的膳食结构是人体获取合理营养以维持良好健康状态的物质基础，各种营养素合理地搭配能满足人体全面生理功能的需要。平衡的膳食结构有利于青少年的生长发育和身心健康的发展。

四、科学的体育运动

我国的《中国大百科全书》一书曾把体育活动的概念定义为：通过进行一些轻松愉快的身体活动，来转移人们在日常生活中对压力的注意力。

对于体育运动是否有益于健康长寿这个问题，人们存在着各种不同的看法。德国柏林科学中心社会研究所的国民经济学家格特·瓦格纳博士认为：良好的教育和稳定的收入很可能是养成有健康意识的生活方式和实现较高预期寿命的最有效的手段。他坚持认为：人类不能根据经验来盲目证明，体育运动被当作一项改善健康的手段是否真的有效。同时，他还指出，事实上多进行体育运动确实可以有效地提高身体素质，改善心脑血管及身体各组织器官的健康状况，延长人们的寿命；但是，另一方面也没有证据可以说明，运动少就会生病，甚至会缩短寿命。与之相似的观点是：体育锻炼不一定能健康长寿，不运动而长寿的人也不少。但大多数专家的研究表明，科学合理的体育运动能够使人获得健康。

研究结果证实，缺乏运动是心血管疾病、癌症和糖尿病的主要诱因，同时它也会导致体重增加和骨质疏松。运动是减少中风的有效手段；运动也能减少各种类型癌症的发病概率（如结肠癌和乳腺癌）；运动可以延迟并防止运动系统的异常，如骨质疏松、骨折、腰背功能性疼痛和颈椎病；运动对减轻轻度和中度的心理压抑症状及对心理健康有良好作用。

（一）体育运动概述

体育运动是指人们为了达到锻炼身体的目的，而进行的有针对性的身体活动。它具有强身健体、愉悦心情、陶冶情操的功能。它是一种复杂的社会文化现象，以身体活动为基本手段，以增强体质、增进健康以及培养人的各种心理品质为目的，同时也有助于培养人们勇敢顽强的性格、超越自我的品质、迎接挑战的意志和承担风险的能力，有助于培养人们的竞争意识、协作精神和公平观念。

从体育活动的定义来看，体育运动并非"一门科学"，而是一项"社会活动"。研究体育运动这种社会活动的学科才是"科学"，例如体育学、体育教育学等。体育运动是人类所特有的社会活动，具有意识性和组织性。人类从事体育运动具有明确的目的性。体育运动的概念也反映了其本质特征，即它是通过人体直接参与的活动，而不是像医学那样通过服药、手术来治疗疾病从而达到增进健康的目的，也不是像语文、数学等科目那样，只通过知识的传授就能达到丰富文化生活、促进精神文明发展的目的。身体直接参与，是体育运动区别于其他具有增进人们健康或调节人们精神作用的活动的本质特征。

（二）体育运动对青少年身体机能的影响

1.体育运动对青少年生长发育的影响

适宜的体育运动会促进青少年身体形态的良好发育。有学者对数百名从事体操、游泳等业余运动2~5年的少年与没有体育运动经历的同龄少年进行对比，结果发现有训练经历的少年的身高、体重、胸围年增长值显著高于对照组。一项对双生子的调查表明，运动爱好者的身高比少参加体力活动者平均高4厘米，体重重3公斤。研究证实，适当的跳跃训练有助于下肢长骨骨骺软骨细胞的良好发育；中等强度的体育运动有助于生长激素的充分分泌，这些都会对身高的增长有一定作用，尤其是在生长发育的第二次高峰时期进行相应的增高锻炼会有较为明显的效果。

体育运动会使肌肉群更多地收缩，消耗更多的葡萄糖和脂肪酸，加强新陈代谢，增加体重，改善身体成分，对生长发育有着重要的促进作用。

2.体育运动对青少年生理机能的影响

（1）对神经、内分泌系统的影响

青少年进行适宜的体育运动能使大脑和神经系统得到良好的发展，对于提高神经系统工作过程的强度、均衡性、灵活性和神经细胞工作的耐久性都有益处。研究表明，青少年运动员的视、听觉简单反应时间的测试结果显著优于普通的青少年。

（2）对心血管系统的作用

体育运动可以改善青少年心肌本身的兴奋性，使心脏冠状动脉血管扩张，增加营养心肌的血流量，提高肌球蛋白的 ATP（Adenosine Triphosphate，腺嘌呤核苷三磷酸）酶活性，从而使得心肌收缩力提高。还有研究表明，早期适宜的体育运动可以使血管弹性增强；在运动时，平时闭合的毛细血管会开放，循环血量会增加，有利于加强代谢功能。

（3）对呼吸功能的作用

早期适宜的体育运动可以使呼吸肌发达，肺活量增大，明显改善青少年的呼吸功能。瑞典学者安德森的研究结果证实，在青春期接受游泳训练的女孩较一般女孩的肺总容量大 12%，肺活量大 13.4%，最大吸氧量大 10.2%。

（4）对运动系统的作用

进行合理的体育运动可促使青少年的新陈代谢更加旺盛，有利于骨细胞的增殖，促进骨的生长，使骨质坚实，骨重量增加。研究者通过 X 片观察到，青少年运动员股骨的皮质比普通青少年厚 0.5 毫米~3 毫米；骨松质的骨小梁排列也比普通青少年整齐，使骨能承受更大的压力。另外，运动可以明显改善骨的血液供应，使其得到充分的营养物质，从而使造骨过程加快。如跑、跳等运动对骨的压力是一种机械刺激，对骨发育有促进作用。

人体在进行体育运动时可以加速血液循环，使肌肉获得更多的营养成分，促使肌肉纤维体积增大、增粗，肌肉弹性增强，整个肌肉群更加发达，同时相应地增强身体活动的能力与耐力。

（三）体育运动与健康促进

体育运动是健康促进的重要组成部分。体育运动不仅能改善人的生理机能，对人的心理健康也有着重要的促进作用。例如，体育运动可以激发人的活力；运动的刺激性、宣泄性能使参加运动的人得到情绪上的改善；经常参加体育运动的青少年能够在运动中体验到运动的愉悦感，缓解由学习、生活所带来的压力。多人参加的运动，可以增加人与人之间互相交流、沟通的机会，可以培养团结、协作的精神，对身心健康有一定的益处。

五、良好的心理状态

心理健康是个体在各种环境中都能保持一种良好的适应能力和效能的状态。一个人不仅仅是生物体，更是一个社会成员，拥有健康的心理是一个社会成员适应社会的首要条件。

心理情绪因素对生理上的健康有着十分重要的作用。现代心理医学研究证明，当一个人精神愉快、心情舒畅时，中枢神经会处于最佳的功能状态，在它调解下的内脏及内分泌活动就会处在平衡状态，这时的身体自然也就健康。

人类的情绪从大的方面来讲，总共可以分为两大类：一类是以喜悦、快乐、兴奋等为代表的愉快的情绪；另一类是以悲伤、沮丧、紧张、憎恨、焦虑为代表的不愉快的情绪。喜、怒、哀、乐、思、恐、悲七种感情是人类在面对外界环境时所做出的正常生理反应，一般的感情起伏不会对机体造成病理伤害，但是过度兴奋和悲伤、波动大的情绪却可使机体产生疾病。国外长寿专家胡弗兰德认为：所有对生命不利的影响因素中，能对生命造成致命伤害的是恶劣的心境和不良的情绪。根据有关资料统计，在医院的门诊病人中，因为情绪不佳导致患病的占到 76 %，而因为情绪不佳导致肠胃患病的占到 1/3。所以，保持良好的心情和健康的心理是获得机体健康的重要因素。

第二节 体育运动促进大学生身体健康的基本理论

一、体育运动对大学生身体健康的促进

（一）能够促进大学生的身体健康发展

经常参加体育运动的人，心肌细胞能获得更充足的氧气及营养，产生营养性肥大，使心脏重量增加、容积增大。一般人的心脏重量为 300 g 左右，心容积约为 750 mL，而运动员心脏可增重至 400 g~500 g，心容积可达 1 000 mL 以上。此外，心肌增粗使心肌收缩力增强，每搏输出量多，因而安静时心跳次数比一般人慢。一般人每分钟心跳 75 次左右，而经常运动的人可减少至每分钟 50 次～60 次。由于心跳的减慢，心脏获得了更多的休息时间，这对心脏的保护及心泵功能的储备是极为有利的。

体育运动对预防心血管系统疾病有良好的作用，对心血管疾病起到积极的预防作用。体育运动还能大大地增强大学生呼吸系统的功能，经常运动的男子肺活量能够达到 5 000 mL（正常健康男子为 3 500 mL~4 000 mL），女子可达 4 000 mL 左右（正常健康女子为 2 500 mL~3 500 mL）。体育运动时，由于肌肉需要更多的氧，呼吸次数可由安静时的每分钟 12 次~16 次增至每分钟 40 次~50 次，每次吸入的空气量由安静时的 500 mL 增加至 2 500 mL，使每分钟的肺通气量为 70 000 mL~120 000 mL，这对健康都是极为有利的。

（二）体育运动能够使大学生的心肺功能全面提高

适当的体育运动对维持和增强人体活动具有重要意义，人长期从事体育运动能增强体质并具有延年益寿的功效。国内学者研究发现，体育运动可以提高大学生的运动机能和心脏、循环系统的机能。国外科学家还做过一项试

验，让健康青年连续躺在床上9天，发现他们的心脏循环系统和呼吸系统以及新陈代谢的工作能力平均下降21%，心脏容积缩小10%。

（三）体育运动对神经系统的良性影响

体育运动对大脑细胞及神经系统可产生良好的影响。研究表明，经常运动的人的反应速度是161.5 ms，一般人为217.5 ms，说明经常运动有助于大脑神经细胞工作能力提高，反应灵活迅速，准确协调而不易疲劳。

体育运动还有助于提高思维的敏捷性，增强记忆力，提高大脑的工作效率。这是因为适当的运动使身体循环血流量增加，血流速度加快，这使得脑细胞的血液供应和氧供应均增加，有利于脑细胞思考效率的提高。

二、体育运动对大学生心理健康的促进

随着生产水平的提高和科学技术的不断进步，人们对健康的要求越来越高。健康的概念也由原来的"没有疾病、不虚弱"转化为"健康乃是身体上、心理上和社会上的完好状态或完全安宁"。而高校体育运动能够对大学生的心理健康发挥重要的作用。

（一）体育运动能够提高大学生的自我知觉与自信心

自我知觉是大学生个体对自我存在的评价，大学生主动参加体育运动一般都会促进积极的自我知觉。中等强度的有氧训练可使有氧素质和应付应激的自我感觉能力有大幅度的提高，并能增加幸福感。自信心是对自己成为胜任者能力的确信。大学生参加体育运动的内容绝大多数是根据自身兴趣、能力等选择的，他们一般都能很好地胜任运动的内容，这有助于增强大学生的自信心。

（二）体育运动能够对大学生心境的积极变化起到一定的促进作用

由于参加体育运动的大学生是主动参与的，并在自己的闲暇时间进行，因而大学生的情绪状态通常是积极、稳定的，或是为了达到积极的状态，改善不稳定的状态而进行体育运动。研究表明，在所有的情绪状态下，成年女子在一天中的任何时候进行有氧体育运动对心境的改善都有显著的益处。另有研究表明，在平常的条件下，体育运动可以影响到心境的状态，并降低焦虑程度。

（三）体育运动能改善抑郁、焦虑、紧张等情绪

国外有学者对相关问题进行了研究，在被调查的 1 750 名医生中，有 60％的人认为应将身体活动作为治疗焦虑症的手段；80％的人认为身体活动是治疗抑郁症的有效手段之一。1992 年，有学者对 1985—1990 年涉及有氧练习和焦虑、抑郁之间的关系（实验控制十分严格的研究）进行了分析，结果表明：有氧练习可降低焦虑、抑郁；对长期性的轻微到中度的焦虑症和抑郁症有治疗作用；大学生参加运动前的焦虑、抑郁程度越高，受益于体育运动的程度越大；体育运动后，即使大学生的心血管功能没有提高，焦虑、抑郁程度也可能下降。

（四）体育活动有利于纠正大学生的某些心理问题

大学生的心理不是孤立的，心与身是相互联系、相互作用的，大学生的心理与大学生周围的环境、周围的人也是相互协调和相互影响的。而体育这一活动则为大学生提供了一块珍贵的活动空间，在这一空间中，大学生的心理与身体、大学生的主体与周围环境、大学生与周围的人能够充分地交融在一起，从而促进主体对环境的适应，促进人际关系和谐，使大学生达到身心平衡，获得身心健康。

（五）体育运动能对大学生的心理疾病进行预防与治疗

许多国家已将体育活动作为预防和治疗心理疾病的一种手段。临床研究表明，慢跑、散步等中低强度的有氧运动，对治疗抑郁症和抗抑郁效果十分明显，能减轻患者症状，增强其自信心。

综上所述，体育运动对于大学生心理的作用是多方面的，其作为改善现代人心理健康的一种途径，具有很好的效果。体育运动对于抵抗抑郁、焦虑、气愤及其他消极情绪，以及营造良好的、积极向上的心境而言是非常有效的。

三、体育运动对大学生道德健康的促进

道德健康是新健康教育的一个重要组成部分，它以培养道德健康的社会公民为目的，运用健康管理的方法，以人文环境的改善为主，与校园环境、功能环境的改善相配合，运用知识教学与环境塑造相结合的方式，注重从思想上与行为上培养高尚的道德修养。道德健康是平衡健康的第一要素，健康应以道德为本。

（一）体育运动能够使大学生的人生观、价值观得到改变

人生观、价值观是看待、了解自然社会和社会现象的基本观点，是大学生进行行为调节和控制的参照物。在各种体育运动与比赛中，大学生必须用辩证思维公正观察，遵从事物的客观规律，运用自己的智慧、技巧找出解决问题的方法。因此，体育运动能够积极引导学生树立科学的世界观、人生观、价值观，激发他们的学习兴趣，使其找准人生的目标，端正人生的航向，去追求不同的目标和理想。

（二）体育运动影响学习意志品质

意志是在实现预定的目标时对自己克服困难的活动和行为的自觉组织与自我调节，是人们为了一定的目的自觉地组织自己的行为，并与克服困难相联系的心理过程。在体育运动中，正确、规范、优美地学习动作，全身心地投入运动当中，在失败时不气馁，顽强拼搏；在胜利时不骄傲自满，冷静对待；培养自己的独立性、果断性、坚韧性、自制力和自觉性，从而使自己获得健全的道德力量。

（三）体育运动对大学生个性的影响

个性是指在一个人身上经常地、稳定地表现出来的不同于他人的心理特点的总和，也是一个人的基本精神面貌。体育运动对于塑造大学生的个性有着十分重要的影响。在体育运动中，无论是个人项目还是集体项目，都必须学会尊重别人、尊重自己，建立正确的道德观，养成良好的个人行为和道德风尚。

（四）体育运动对于大学生品德心理的影响

品德是指道德在大学生身上表现出来的稳固的心理特征。在体育运动中，当集体成员做出与集体舆论相一致的行为时，个人将得到集体舆论的肯定和鼓励，从而使这种行为得到强化。通过体育运动能培养大学生诚实、团结、互助、相互尊重等一系列的优良品德。

四、体育运动对大学生社会适应能力的促进

社会适应是指人在一生中面对不断变化的外界社会环境特别是某种社会困境所采取的态度和行为。随着当今社会多元化的发展，大学生要很好地适

应社会环境，一方面是改造环境，使环境合乎自我身心发展的要求；另一方面是改造自身，去适应环境的需要。体育运动以其特有的优势，使大学生的个性得以形成和完善，成为提高高校学生社会适应能力最为重要且高效的手段。

（一）有助于学习和理解社会行为规范

体育是一种特殊的社会文化活动，在这一领域中确立了明确而细致的各种行为规范，如运动守则、比赛规则、竞赛规程等，并通过裁判、仲裁、公众舆论、大众传播媒介等实施和监督。由于体育的这些规范训练可在体育教师指导下经常反复地进行，这就使大学生在体育运动中学习了行为规范准则，懂得了行为规范的一般特征，有助于对其他社会规范的理解和学习。

（二）有助于内化正确的价值观念

体育文化之所以存在，其哲学意义在于对人的肯定。它是追求人的价值和权利的过程，可以培养积极进取的精神和高尚的品行与气质。大学体育教育是培养学生人体和精神全面发展与完善的过程，是培养正确价值观的重要手段。

（三）有助于体验不同的社会角色

一个人要符合社会的要求，取得社会成员的资格，就必须学会接受适当的社会角色，而各种体育运动的场合，则有机会让学生体验不同的角色和理解"做什么、怎么做"的社会意义，为他们走向社会打下基础。

（四）有助于培养团结协作的精神

体育竞技中的许多团体项目（如篮球、排球、足球等）已被普及。大学生在投身于这些运动以强身健体的同时，学会了如何恰当地处理个人与集体的关系，如何融入集体之中，如何与他人沟通及合作，并在其中强化了自身的组织性和纪律性。

（五）有助于情感与情绪的调节

当今社会竞争空前激烈，各行各业普遍存在竞争，置身其中的人们会不自觉地产生忧郁、紧张等情绪的反应。体育运动可以转移大学生不愉快的意识、情绪和行为，使他们从烦恼痛苦中摆脱出来，使大学生的不良情绪得到及时的宣泄，以平稳的心情承受压力、迎接挑战。

（六）有助于大学生人际关系的改善

人是社会的基本构成单元。人对社会的适应从本质上来讲是自身对他人的适应，能否成功地与人交往、与人沟通，是人能否与社会适应最直观、最客观的体现。在高校体育运动中，大学生相聚在运动场上，进行平等、友好、和谐的练习和比赛，相互之间能够产生亲切感。尤其是集体竞赛项目，可以使直接参与者及间接参与者结识更多的朋友，将大学生之间的关系变得更加和谐友好。

（七）有助于提高大学生的心理素质

高校体育运动的显著特点是竞技性强，凡是比赛都要争高低、论输赢。体育运动的过程必然伴有成功的喜悦和失败的失意，在成功与失败之中，大学生学会了享受成功、承受失败，学会了胜不骄、败不馁。因此，大学生的心理承受能力与心理适应能力在不断锤炼中得到了显著的加强。

（八）有助于塑造大学生健全的人格

在体育运动中学生要承受一定的生理负荷，这就要求参与者不怕困难、不怕艰辛，在克服困难的过程中培养顽强的意志品质和坚持不懈、吃苦耐劳的优良作风。体育运动多种多样，有的要求快速，有的要求耐久；有的动作复杂惊险，有的动作变化无穷，这就要求大学生勇敢地去尝试、果断地做判断，而以上这些优秀的品质对一个人适应社会竞争、胜任社会角色都有着深远的意义。此外，绝大多数的体育项目都伴随着高强度的对抗，这是一个侵犯与被侵犯、忍让与被忍让、尊重与被尊重的过程，大学生参与其中，学会了彼此尊重、彼此体谅。

第三节 体育运动促进大学生个体健康的实施原则

一、体育运动育人所遵循的原则

（一）将体育教学与社会需要结合在一起

任何一个国家在确定教育方向、教学目标和内容时，都离不开国家和教育部门提出的教育要求，如增进健康、增强体质等。社会的需要和体育主体——学生的需要有很大的共性，因此，进行体育教学既是社会的需要，也是体育主体的需要。把体育运动作为人的生活中的重要内容，使人在体育运动中享受运动的乐趣、获得运动的情感体验、愉悦身心、满足人的生理和心理需要、促进人的全面发展等观念，越来越受到我国广大高校体育工作者的重视，因而在高校体育教学中，社会需要和学生主体需要已逐步地结合在了一起。

（二）将体育教学与育心结合在一起

体育教学的实质就是对学生的身体进行教育，这一点是由体育学科自身的性质确定的。所谓育心，就是在体育教学活动开展的过程中与不同形式和不同内容的身体练习相结合，培养学生的心理素质与思想道德品质等，同时使学生的身心得到愉悦，情操得到陶冶。

我国高校体育教学的根本任务就是使学生身心的全面发展得到促进，而我国高校体育教学的首要目标就是使学生的健康得到增进，体质得到增强。同时，在对学生心理健康发展起到促进作用的问题上，尤其要加强重视对学生的思想品德教育。应该在体育教学的实践活动中，对学生的爱国主义思想、集体主义思想、助人为乐精神、团结协作精神、遵守纪律意识、服从指挥意识、维护公德、爱护公物等多样品质素养进行培养。

在我国社会主义市场经济逐步建立以后，优胜劣汰的机制得到人们的广泛认可与应用，每一个领域中都有矛盾与激励竞争的存在，直接加快了社会的整体运行节奏。从现实生活中，人们获得了深刻的认识，即如果高校培养出的学生，自身不存在现代人应有的心理素质，那么未来想要在现代社会立足是非常不容易的，更不要说获得事业成功了。所以，在高校体育教学开展的过程中，应该加强对学生的心理素质的培养，主要包含的内容有自信心、自尊心、意志品质、竞争和创新的意识与能力、果敢沉着的精神、团结协作精神、开拓进取精神、自我心理调节能力与自我控制能力等。

高校体育对学生的心理素质的培养是其他学科不能与之相比较的，具有十分重要的意义。伴随我国社会经济的不断进步与发展，将体育教学和育心结合在一起的举措，会得到越来越突出、越来越鲜明的体现。

（三）将使增强学生体质与建立学生终身体育的良好基础结合在一起

高校体育的本质功能就是使学生的健康得到增进，使他们的体质得到增强，同时，这也是对我国体育工作进行评价的重要根据。所以，我国高校体育教学一直比较关注对学生身体素质的发展与运动项目的安排等问题。近些年来，伴随我国体育教学改革的逐步推进，高校体育教学在对体育健身价值逐步重视的同时，对体育的长远效益也开始重视起来。也就是说，建立学生终身体育的良好基础，人们的这一认识尤其是在颁布《全民健身计划纲要》以后变得更加坚定、深刻。在《全民健身计划纲要》中明确了对学生终身体育的开展，使学生的体育意识、体育习惯与体育技能得到培养的问题。而对于终身体育基础而言，主要包含体育运动终身开展的兴趣、意识、能力与习惯，使学生即便走出校门、迈入社会，也能够科学地、自觉地开展身体锻炼活动与健康的身体娱乐活动。

在体育教学的实践过程中，应该加强对学生体育运动意识、兴趣、习惯和能力的培养，不仅要保证学生身体素质的发展和自身体质的增强，还要培养学生的体育运动意识、兴趣、习惯和能力，同时将二者紧密地结合在一起。值得注意的是，此种结合方式也是高校体育区别于社会体育的主要体现。

二、体育教学方法需要遵循的原则

（一）将统一安排和自主活动结合在一起

现阶段，我国还是一个发展中国家，高校体育教学的发展水平仍需要提高，同时，体育场地器材也需要加强建设，对于这样的情况，想要一朝一夕就改变是不现实的。为了使高校体育教学目标顺利达成及有序地开展各项体育活动，各高校或班级可统一安排、组织开展运动会、课外体育活动、课间操、早操、体育教学活动等，同时针对不同形式的各种体育活动，在对象与情况不同的情况下，为学生留出一定的时间来自主活动。

（二）将严格的组织纪律和生动活泼的体育氛围结合在一起

严格的纪律与严密的组织，是培养学生良好的学习作风与组织纪律性的重要因素，同时也是实现体育各项目标与保障安全的必要因素。在高校体育场地器材存在不足的情况下，如果想要对高校体育各项活动的有序开展做出保证，就必须具备严格的纪律与严密的组织。在高校有限的师资力量、有限的教学时间与不足的场地器材条件下，如果想要保证体育教学的顺利开展，就需要具备严密的课堂组织与严格的课堂纪律，进而保证良好的教学效果。

按照高校学生的身心特点营造一个生动的、活泼的体育氛围。从广义的层面上来讲，高校的整个体育氛围通常指的是体育育人的环境。而这种环境又包括体育硬件环境与体育软件环境。其中，所谓的体育硬件环境，主要指的是体育场地、设施的建设；而所谓的体育软件环境，主要指的是全校师生的体育意识与体育舆论。此外，对于体育工作的加强，教育行政部门与学校领导应该将其作为素质教育全面推行的切入点来进行认识与对待，通过各种各样的媒介，向全校师生与学生家长广泛地、深入地宣传体育的重要意义，进而促进一种强有力的舆论的形成。从狭义的层面上来讲，体育氛围主要指的是在从事各种体育活动中，学生的情感与心态，如课外体育活动氛围与体育教学氛围等。如果想要形成一个生动的、活泼的体育氛围，基础是教师和学生之间的和谐关系，手段是科学的组织方法，标志在于使学生的情感得到激发。体育氛围对体育教师的文化素养与教育艺术存在较高的要求，保证能够师生协调、统分合理、张弛适当、宽严有度地在体育教学活动与其他的体育活动过程中发挥作用。

严格的组织纪律和生动活泼的学校体育氛围之间存在的矛盾是比较难处理的，值得高兴的是，在我国高校体育教学的实践活动中，已经有一些高校教师将二者统一，并和谐地结合在一起，进而将体育教学高度的艺术与水平表现出来。

（三）将激发学生的体育兴趣与培养学生刻苦锻炼的精神结合在一起

在高校体育教学过程中，教师十分重视实践活动对学生体育兴趣培养、激发的问题。这也是开展学生体育活动的内在驱动力，是培养高校学生终身体育意识与能力的重要基础，更是实现体育教学目标的需要。因此，体育教师应该根据学生的身心特点，对高校体育的活动方式、组织方法和教学内容进行选择。

还有一点值得注意的是，学生也存在各不相同的体育兴趣，同样的一项内容，可能这一部分学生对此很感兴趣，但是另外一部分学生却缺少兴趣。因此，在着重强调培养与激发学生体育兴趣的同时，还要重视培养学生刻苦锻炼的精神，教育学生重视刻苦锻炼，并将其作为对自己的意志进行磨炼的过程。

（四）将课内与课外结合在一起

体育目标得以实现的主要形式之一就是体育课，需要注意的是，体育课不是实现体育教学目标的唯一形式。除了体育课以外，体育还包含课外体育活动、早操和课间操等其他形式，并且形式不同，其所具备的特点也是不同的，在实现体育教学目标的过程中，也会表现出不同的倾向。然而，这样的倾向是互相补充、互相联系且互相促进的，而不是互相割裂存在的。

从系统论的角度来讲，体育系统是一个具有特定功能的有机整体，主要组成部分有课外体育活动、课间操、早操与体育课程教学活动等。作为一个人工设计的系统，如果想要使体育的整体效益与整体功能得到提高的话，就需要将课内与课外结合在一起，也就是将课外体育活动、课间操、早操与体育课程教学等内容紧密地结合在一起，整体地进行设计。

三、体育教学内容方面需要遵循的原则

（一）将健身性和文化性结合在一起

在对体育教学内容进行选择、确定的过程中，活动内容的健身性需要首

先进行考虑，也就是所谓的健身价值。然而，如果想要达到健身的目的，就需要通过运动进行实践才可以，因此体育教学的内容通常以实践内容为主。

对于高校体育教学内容而言，其健身性和文化性间所具备的相容性是非常强烈的。许多体育教学内容在具备较高健身价值的同时，还存在较高的文化机制。体育教学实践开展的过程应该基于学校的办学条件与学生的具体实际出发，将二者有机地结合在一起。至于体育教学内容的健身性与文化性间的关系如何处理，理论学习和运动实践之间的关系如何处理，这些都是需要我们去深入研究的问题。

（二）将统一性和灵活性结合在一起

在体育教学基本要求和任务相统一的原则下，体育教学所具备的灵活性也将会更加强大。在课余体育训练活动、课外体育活动与群众竞赛活动中，高校通常会按照《学校体育工作条例》精神的指导，根据各自的具体情况，对内容自行选择，对项目自行确定。

将统一性和灵活性结合在一起，能够将我国高校不同的情况与不同的需求反映出来，这对于我国各高校在完成国家要求的学生体育基本素质的情况下开展特色化教学是非常有利的，能够在一定程度上促进自身传统运动项目与优势运动项目的形成，同时还能够在一定的条件下，使学生的不同体育需求得到满足，使学生的体育特长得到发展。

（三）将继承性和时代性结合在一起

社会文化得到发展的另外一个特征就是继承性和时代性结合在一起。如果不存在继承，那么任何一种事物都不能得到维系，可以说没有继承就不存在发展。作为社会文化主要构成内容之一的体育也是如此。现代体育是对几千年来人类所创造的优秀体育文化的继承与发展。

从体育内容上来讲，高校应该尽可能地选择与使用能够同自身实际相符、存在较好健身效果、组织开展方便、学生乐于参与的内容，如武术、篮球、足球、羽毛球、乒乓球、体操、游泳，以及其他的一些具有地方特色和民族传统的体育运动项目。

从外国引入的网球、艺术体操、韵律操、健美操等，使学生获得了体育欣赏、休闲体育、娱乐体育、竞技体育、锻炼与营养、奥林匹克运动、体育运动与心理健康、身体评价与自我监督等多个方面的知识。上述的这些内容所具备的时代气息是非常强烈的，深受高校学生的广泛喜爱，使得体育教学的内容得到极大的丰富，进而使高校学生的体育文化生活得到活跃。

第四节　体育运动促进大学生健康的原则与方法

一、体育运动促进健康的原则

所谓体育运动促进健康，是身体运动客观规律的反映，是人类从远古至今所积累的身体运动和养生经验的概括和总结，是人们科学从事身体运动所必须遵循的准则。体育运动原则是体育运动学的重要组成部分，是对体育运动活动进行科学指导的依据。

历史的经验表明，人们在改造客观世界的同时，也在不断地改造着自身。人们为追求健康生存和益寿延年的积极效果，总是不断地摸索其规律并身体力行，体育运动原则正是这些体育运动成功经验的总结和概括，同时也是对不成功的教训的必要扬弃。久而久之，逐步形成了一些较为稳定的、为科学运动所必须遵循的准则，即体育运动原则。成功的体育运动过程，总是在自觉或不自觉地遵循这些原则；反之，如果违背原则而盲目运动，就会事倍功半或事与愿违。

关于高校体育运动促进大学生健康的原则，在不同的教材或参考书中有着不同的说明，现将其加以归纳，主要有以下几个方面：

（一）目的性原则

目的性原则也称主动积极性原则或意识性原则，是指运用宣传和其他手段，动员运动参加者在充分理解身体运动目的、意义的基础上，自愿、主动、积极地进行身体运动活动。

健身运动是一种自愿行为，目的明确和主动积极是参加并坚持身体运动的首要条件。

1.目的性原则的依据

（1）健身运动是现代人的一种有目的、有意识的活动，自始至终均要受到一定的目的所支配。与体育领域其他活动相比较，健身运动尽管不像竞技体育那样把夺取优异成绩作为主导目标，不像体育教学那样有着较为恒久的教学目标，但是就人类总体而言，健身运动是为了谋求人类自身的健康完善和身体潜能的开发。就每个大学生而言，健身运动也带有十分明确的完善自我身体的目的。单纯追求消遣娱乐或填充生活空间的目的和动机，不可能构成积极而有效的健身运动。

（2）健身运动是一种业余活动，其社会制约性、纪律监督性不强。一般来说，参加身体运动没有法定的活动时间、地点和活动形式，没有必须强制执行的练习纪律，也不一定需要有教师或教练员的监督与帮助。与体育教学、运动训练相比，一个显著的区别在于健身运动的灵活性、独立性明显。因此，主观因素和明确的目的性在健身运动过程中起决定性作用。

（3）健身运动既是一种克服自身惰性的体力性活动，也是克服外界环境阻碍的意志性活动。运动者要不断地战胜贪图安逸的心理惰性，保证在预定的时间参加运动。在运动中，身体要承受相当的运动负荷，还有额外的体力消耗。同时，外界环境和条件是十分复杂的，运动者有时要在风霜雪雨、炎热或寒冷的不良气候下运动。因此，没有明确目的和主动自觉的精神，是不可能坚持下去的。

2.贯彻目的性原则的要求

（1）提高国民体育意识，强化体育价值观念

众多学者的研究认为，推动人们的体育行为有赖于人们体育意识和价值观念的确立，而后者又依靠两个重要的前提条件，即人们对身体重要性的认识和对体育作用的认识。调查研究表明，我国居民对上述两方面的认识是比较明确的。然而，我们也要看到，从对体育作用的了解和运动知识的获得，再到坚持不懈的身体运动，其过程是十分复杂的。其环节主要包括：学习体育运动知识与方法—形成体育意识—实施体育行为—获得体育绩效。由此可见，体育意识和体育价值观念对明确运动目的、促进运动行为具有十分重要的意义。我国体育人口的数量不足，人们参加体育活动的积极性不高，一个重要的原因还在于人民群众的体育意识和体育价值观念不强，这是我国推动全民健身运动必须注意克服的。

（2）明确目的，强化动机

目的是人们行动所要达到的预期结果，动机是促使行为发生的内在力量。人的一切行为总是从一定的动机出发，而动机的产生则是为了满足人们的各种需要。

强化身体运动的目的和动机，要认真分析引起运动者动机的各种需要，并加以因势利导。不同年龄的运动者有着不同的运动需要，如强身需要、保健需要、娱乐需要、健美需要和参加比赛的需要等，其核心应该引导到增强体质、促进运动者身体完善的方向上来。同时，要把明确目的与树立正确的人生观联系起来。只有树立积极进取、健康向上的人生观，才会找寻各种途径不断地充实自己，使运动真正成为生活的内容之一。

（3）培养兴趣，形成习惯

身体运动的积极性首先来自正确的目的和动机，同时，对体育运动本身

的兴趣也是极其重要的。当人们对身体运动有着浓厚兴趣时，总会以积极的态度和愉快的心情去进行运动，并乐此不疲，在人体生理机能上也会发生良性变化，如体内的血糖上升、肌力增加、关节活动幅度增大；反之，如果缺乏兴趣，则极易疲劳，机体内会出现血糖下降、肌力减退等现象。

兴趣分为直接兴趣和间接兴趣。直接兴趣是对运动本身感到需要而引起的兴趣，如参加球类和游戏活动；间接兴趣不是指向运动本身，而是对健身运动未来结果感到需要而引起的兴趣。以上两种兴趣可以互相渗透，并且都对促进体育运动有利。指导人们进行身体运动，一方面要使运动的安排丰富多彩、富有情趣，把广大群众引导到体育运动中来；另一方面要加强运动的目的性教育，着力培养人们对体育的间接兴趣，要把已有的体育兴趣强化到更高的程度。

兴趣能够诱发自觉，但自觉运动还必须形成运动的习惯，这是兴趣不断被强化、运动被长期坚持的结果。只有把身体运动纳入个人活动计划，形成生活中的一部分，才能形成稳定的体育运动条件反射，机体也会形成新的生物节奏，身体运动才能持之以恒。

（4）检查评价，激发动力

身体运动的效果是逐步取得的、波浪式发展的，并不与运动活动同步，运动者本身感觉并不明显。人的情绪、心境受世事境遇的影响，有时也会对运动效果做出不切实际的判断或带有主观色彩。如果对体育运动评价为正向效果，则会对行为产生增力效应；反之，如果评价身体运动无效或负向效果，则会对行为产生减力效应，以至于完全停止。因此，要通过多种形式对身体运动效果加以检查与评价，并以此作为调动运动积极性的有力手段。

在体育运动实践中，对运动效果的评价往往通过医务检测、素质和成绩测验、定量负荷测验、自我感觉、参加比赛等多种形式进行，也可督促运动者养成定期接受检测和自我检测的习惯。对各项检测的结果，要运用体育专门知识和科学态度正确地分析，客观地评价。要注意总结个人运动中的经验教训，扬长避短，以果求因，摸索适合自身特点的运动内容、负荷、手段和方法。

（二）身体全面发展原则

身体全面发展原则是指在身体运动过程中，运用多种内容、方法和手段，统筹兼顾，使身体各部位、各器官系统的机能、各种身体素质和活动能力以及心理品质都得到全面均衡的发展。

人们对体育运动的崇尚与其对身体全面发展的追求是紧密相连的。古希腊雕刻者米隆的《掷铁饼者》雕像，以其身体全面协调、线条清晰、垒块分明征服了一代又一代的体育运动者。身体全面发展原则正确表达了身体运动者的终极目标。

1.身体全面发展原则的依据

（1）人体的整体联系性

作为一个完整的系统，机体各部位、各组织器官是相互联系、相互制约的。某一方面的发展或衰退，都会影响和关联其他方面。如果安排得当，身体的形态、机能和素质就会互为促进，共同提高；处理不当，则可能造成身体畸形发展，或突出发展部分与其他部分的差距加大，失去平衡，或落后部分牵制整体的提高，影响运动效果。

（2）生物进化论关于"用进废退"的原理

根据这一原理，物质体具有"运动加能效应"。在一定范围内，经常使用的部位、器官和系统会得以发展，并逐渐形成相应的形态学和生理学特征，如肌肉体积变大、机能提高等；而那些长久不用或很少使用的部分，就可能萎缩或退化，也会相应表现出一定的特征，由此形成"用进废退"。如果不注意身体的全面运动，久而久之，就会造成身体发展比例失调。特别是青少年时期，正处于生长发育的旺盛时期，身体的可塑性大，更应注意全面发展身体。

大学生对身体运动尽管有着不同的目的和要求，但是，身体全面发展是每个运动者最基本的要求。因为只有身体全面发展，才可能拥有体态匀称和协调的美。

2.贯彻身体全面发展原则的要求

（1）合理选择和全面搭配身体运动手段

各种身体运动手段都能对人产生某种特定的影响，但同时又具有一定的局限性。比如，长跑练习对内脏器官和下肢的运动比较有利，而对发展力量则显得不足；单双杠练习有利于发展上肢，但对下肢及内脏器官的运动效果稍差。这就要求在选择运动内容时统筹安排，全面兼顾。一方面要注意选择那些对身体各方面有全面影响的手段，发挥其全面运动效能；另一方面也可将某些运动手段加以组合搭配，发挥其互补作用，保证其全面运动身体。同时，亦可根据一年周期的不同季节，交替采用某些运动项目，促进身体全面发展，如在冬春时节可选择滑冰、打球、长跑等运动；夏秋时节进行游泳、体操等运动。

（2）要做好准备活动与整理活动

准备活动的目的是为运动做好充分的准备，同时负有促进身体全面发展的职能。因此，准备活动除应使机体发热外，还要十分注意使身体各部位、各器官系统得到充分活动，其常伴以徒手操、柔韧性练习等多方面内容。整理活动不仅要求使机体缓慢地恢复到相对安静状态，也应对身体各部位施加全面的影响，并对某些活动不足的身体部位和环节加以补充。

（3）要内外结合，形神一致

身体运动从外在表现来看，是由身体各组织所实施的肌肉活动。实际上，它是在中枢神经系统的指挥下，由身体各组织、器官和系统相互配合共同完成的。因此运动时必须内外结合，形神一致。

运动中不仅要注意练习动作的准确、优美，而且要特别注意身体内部器官和系统的反应，如出现呼吸过于急促、胸部胀闷、有窒息感等现象，就应考虑及时调整运动强度和练习节奏。身体有某些疾病的人在运动不适时更应如此。

内外结合还应讲求运动卫生，避免因不合理的安排而损害内脏器官，如为保护心血管系统，在激烈运动后不能因机体疲劳而马上静止休息；大强度运动结束后不能立即大量饮水，以减轻心血管系统的负担。

形神一致是中国传统养生体育的一贯原则。为此，运动时意念要专注、精神要集中，使思想与动作紧密结合。形神一致不仅要讲究生物运动效果，而且要注重精神上的享受和心理上的修炼，使身体运动获得物质和精神的双重效果。

（三）运动适量原则

所谓运动适量原则，是指在身体运动中，恰当合理地安排运动负荷，使之既能满足运动者增强体质的需要，又符合身体的实际接受能力。

运动适量原则是身体运动中的一个极为重要的原则，这是因为身体练习活动都在于使机体承受一定的负荷，造成一定的内外刺激，从而引起相应的反应，获得增强体质的实效。运动负荷安排是否合理，直接影响运动效果的好坏。负荷过小，刺激不能引起机体的加能反应，达不到强身健体的作用；负荷过大，机体超载负荷，不但不能增强体质，反而会损害身体。

1.运动适量原则的依据

（1）超量恢复原理

根据这一原理，机体在运动中承受的运动负荷，必须与机体承担负荷的能力相适应，即使机体承受此种负荷后有一定的疲劳（但决不能过劳）。负荷适量，并配合一定的休息措施和恢复时限，机体不仅能恢复到原有水平，还会超过运动前的水平，使得能量储备和机体能力稳定增长，以及体质逐步增强。

（2）运动负荷价值阈理论

这一理论的基点，是把运动负荷控制在合适的有氧强度的范围内，以保证对机体适宜的刺激强度。从这一角度来看，阈上负荷和阈下负荷对身体健康是不利或作用不大的。

2.贯彻运动适量原则的要求

（1）要认真考虑负荷量和强度的配置

量和强度作为运动负荷的两个基本方面，是不可分割的。然而，它们又有其各自不同的影响。要根据运动者的身体状况和运动目标，科学地安排负荷量和强度。不切实际地加大运动负荷量和强度，往往会产生事倍功半的效果。

（2）要认真测定和分析运动负荷的内部数据

在安排内容和进行练习时，既要注意内部数据与表面数据之间的一致关系，又要注意它们之间的不一致。当机体处于不同机能状态时，或是不同的运动者相比较时，同样的表面数据可能引起不同的内部数据，不同的表面数据亦可能产生相同的内部数据。因此，不仅要注意科学安排练习的表面数据，还要注意内部机能的变化，加强对机能变化状态的监测，并以此调节运动负荷。

（3）要认真安排休息，使之与负荷合理交替

休息可分积极性休息和消极性休息两种。在身体运动过程中常见的是运动与休息互相交替。最为有利的交替方式是安排休息时先安排积极性休息，后安排消极性休息，再采用积极性休息，即"金字塔"式的休息方式。休息的时间要短到不影响精力充分恢复，长到不降低运动时的工作能力。休息时间过长或过短，都会影响实际运动效果。要掌握好休息的时间与"火候"，需要在专门指导下不断地积累经验。

（4）要避免过度疲劳

适度疲劳是身体异化过程的主观反应，也是健身活动所必需的。然而，过度疲劳特别是长期持续性过度疲劳，不仅不能达到增强体质之实效，还可能导致多种疾病。有的运动者追求健身效果心切，往往不遵循系统性原则，盲目地增加运动负荷，常常会造成过度疲劳的后果。

判断机体是否过度疲劳，可采用许多教育学、生理学和医学方法，运动

者自身主观感觉也是判断疲劳程度的重要标志。运动者一旦被诊断为过度疲劳，则应立即停止一段时间的运动，或采用其他恢复手段和方法。

（5）在安排负荷时要考虑与此有关的其他因素

在安排负荷时要考虑与此有关的其他因素，如劳动负担、工作性质、休息方式、睡眠状况、食欲情况、营养状况、作息制度等。

（四）循序渐进原则

循序渐进原则是指运动者要按照事先制订的运动计划，经常地、持之以恒地进行身体运动，运动的内容、形式要由简到繁、由易到难，运动负荷要由小到大。

1.循序渐进原则的依据

（1）机体适应性规律

人的健身运动过程，是一个从不适应向适应转化的过程。初次参加运动，哪怕负荷不大，机体也会产生强烈的反应，可称为不适应；通过长期相同的负荷运动，机体就会逐渐适应，称为持续性适应。同时，健身运动过程也是一个由适应向新的不适应转化的过程。当机体出现持续性适应后，如果不增加练习负荷，即不增大负荷刺激，机体对该负荷的反应就会逐渐降低直到不明显，即出现"习惯性负荷"效应，身体运动的效果也会逐渐降低或不明显。身体运动过程就是"两个转化"不断循环和螺旋式上升的过程。这就说明，运动者要想获得在身体形态、生理等方面的良好变化，必须坚持循序渐进的原则。

这种规律的创造性运用，就是超负荷运动理论。根据这一理论，应当强调在适应的基础上不断地、有节奏地增加运动负荷的量与强度，按照"加量（不适应）—适应—再加量（不适应）—再适应—重新加量（新的不适应）—新的适应"的方式组织健身过程，机体的机能水平和适应能力才会在新的基础上得到新的提高。

（2）运动技能形成规律

身体运动尽管不像体育教学和运动训练那样要求运动技术达到十分精细的程度，但也要求掌握一定的运动方法和技术。学习和掌握技能、技术的过程，实质上是运动性暂时神经联系的建立和巩固的过程。这种条件联系的建立、保持和完善，需要不断地加以强化，如果中断练习，或时练时停，必然造成暂时神经联系的减弱、消退，这对掌握运动技能是不利的。

（3）用进废退的规律

运动者身体形态、生理等方面的变化，均服从用进废退这一规律。这就告诉我们，运动似逆水行舟，不进则退。停止运动后，肌肉力量的消退是必然的，且与运动频度有关。

2.贯彻循序渐进原则的要求

（1）逐步养成运动的习惯

养成运动的习惯是循序渐进的基础。有规律的身体运动，可使身体形成较为稳定的生物节奏。良好的生物节奏，可保证每一次运动对身体产生良好的效果，并为下一次运动提供基础。下一次运动在新的基础上展开，并为之后的运动创造条件。如此反复进行，既可以获得身体运动实效，又可以养成运动习惯。

要养成运动的习惯是需要毅力的，特别是在运动初期，一定要战胜自我，坚持不懈，认真执行运动计划。在经过较长的时间（大约3~6个月）后，便有可能形成新的生物节奏。

（2）循序渐进，稳步提高负荷

对青少年来说，运动负荷应呈逐渐增加的趋势。如果一直维持同一种负荷，这种负荷就是运动效果不佳的"习惯性负荷"。要达到体育运动的效果，必须经常变换负荷的性质和强度，循序渐进地增加负荷。

增加身体运动负荷有以下几种方式（图2-1）：

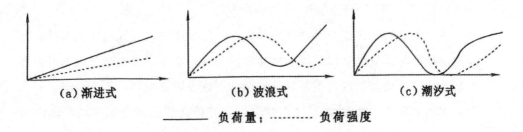

（a）渐进式　　　　（b）波浪式　　　　（c）潮汐式

———— 负荷量；⋯⋯⋯⋯ 负荷强度

图 2-1 增加运动负荷的几种方式

①渐进式：即运动负荷呈逐渐而缓慢增加的趋势，量的增加稍快，强度增加极为谨慎。它适合青少年和一般运动者。如图 2-1（a）所示。

②波浪式：是将增加负荷与减少负荷结合起来，负荷的量与强度发生规律性变化，波浪式负荷呈上升趋势，但更为自由，适应性强。它适合为迅速增加体力的一般运动者。如图 2-1（b）所示。

③潮汐式：在负荷强度和性质上，依据年度周期和各个季节的变化而不断交替，每年一个循环，周而复始，不追求增加负荷，量与强度呈波浪式发展。它适合一般成年运动者。如图 2-1（c）所示。

增加运动负荷的幅度究竟应有多大？有人研究提出"百分之十原则"。它是指导运动者既增加练习负荷，又避免因运动过度而导致运动损伤的一种监控方法。其含义是：每周的运动强度或持续时间的增加不得超过前一周的 10 %。例如，本周坚持跑步 20 分钟，下一周要增加练习负荷，跑步的持续时间就不应超过 22 分钟。从事其他的运动或增加运动强度也应遵循这个原则。

要保持运动负荷与机体承受能力相一致。对青少年来说，由于身体处于生长发育过程中，其运动负荷应呈逐渐上升趋势；对中年人来说，身体机能和适应能力处于稳定状态，其运动负荷趋向应保持稳定，呈相对稳定趋势；对老年运动者来说，其总的运动负荷趋向是循序渐退的，呈逐渐下降趋势。盲目地增量或减量，不利于取得身体运动效果。

（3）要不断更新和完善运动内容和方法

健身运动的动作属于运动性条件反射，反复练习对巩固动作技术是有好处的，但简单重复的动作又较为枯燥。健身运动需要新异刺激，运动内容要丰富多样，运动方法也要不断推陈出新，形成不断更新和完善的动态运动系统。但内容和方法的更新与完善要根据自身条件和实际可能，循序渐进地进行。

（4）要加强体质和健康监测，预防伤害事故

运动者出现伤病将影响身体运动的连续性和循序渐进性，严重时甚至会中断运动。因此，运动者运动时应随时注意安全，讲求运动卫生。运动者要定期进行体质测试和身体检查，以及时发现疾病并加以治疗。当疾病痊愈后重新开始运动时，运动者要调整运动方式，逐步加大并达到预期的运动负荷。

（五）区别对待原则

区别对待原则是指在体育运动过程中，要根据运动者的年龄、性别、身体条件、运动基础、职业特点等，合理地选择练习内容、手段方法和安排运动负荷，做到区别对待，因人而异，使健身运动具有针对性。

1.区别对待原则的依据

（1）大学生发展的统一性和差异性

人体在其生长发育过程中具有一定的阶段性，因此，在同年龄的人群中，大体呈现基本相同或相近的体质特征。但是，在同年龄的不同大学生中，在身体状况和体质水平等方面，又都有着千差万别。即使是体质状况相似的人，随着身体运动过程的发展，大学生对负荷量或强度的适应能力也会出现差异。因此，不可能提出一个人人通用的身体运动量度方案，必须依据运动者的不同情况区别对待，做到"一把钥匙开一把锁"。

（2）体育手段的多样性和运动者广泛的选择性

体育运动项目丰富多彩，最为流行的身体运动手段也有几百种。但是，这些运动项目特点各异，对身体的影响也不尽相同。为提高身体运动效果，运动者要根据个人的实际情况，有针对性地加以选用。一般来讲，选择 2~3 个较为实用的健身手段就可以了。

（3）身体运动的恒常性和运动环境的可变性

运动要求经常改变，但运动者机体变化起伏不大，因此，运动负荷也不应有过大的起伏。然而，运动环境会随季节气候经常变化。只有根据各种自然和活动条件相应地做出安排，才能掌握运动的主动权。

2.贯彻区别对待原则的要求

（1）要注意运动者的年龄特点

在不同年龄阶段，人体的机能是有差别的（图 2-2）。

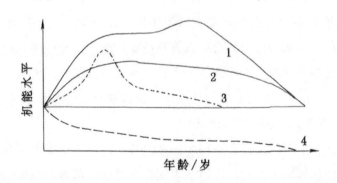

1—脑神经机能；2—运动机能；3—生殖机能；4—营养代谢机能。

图 2-2 各年龄阶段人体技能变化示意图

少儿时期处于生长发育阶段，全面发展是运动的前提。这个时期骨骼硬度小、韧性大，不宜采用过多的负重练习，非对称练习也要适度。由于少儿的心肺功能不够完善，因此不要过分从事剧烈运动，要少用憋气动作和静力性练习。

青壮年时期是人生体质的发展期，运动适应性强，能承受较大的练习强度，可从事多种运动。

在中老年时期，人体各组织器官逐渐老化，疾患增多，运动器官机能减弱，关节韧带的灵活性变差，不宜完成幅度过大、用力过猛的动作，运动时易发生骨折。最适宜的项目是负荷适中、节奏轻缓的练习。

（2）要注意运动者的性别特点

男女的身体差异是十分明显的。男性的肌肉发达，占体重的42%左右，女性的只占36%左右，故男性运动负荷应比女性大，适于完成力量、速度、跳跃等动作，女性则适于完成平衡、柔韧等动作。从心理上看，女性偏爱轻盈、优美、富于韵律的动作，男性则偏爱刚健有力、对抗性强、有一定冒险性的动作。指导时要注意因势利导。

（3）要注意运动者的身体和健康状况

身体和健康状况是确定身体运动内容方法和负荷的主要依据。运动前要通过体质检测、医学诊断或病史调查等手段，掌握运动者的健康情况和水平。对于高血压、冠心病等患有心血管系统疾病的人，应在医生指导和严格监督下进行运动。对于其他疾病的患者，也应了解其病患部位和程度，以便"对症下药"，也可采取专门性练习，或因病情重而暂时中止练习。

（4）要考虑运动者的职业特点

由于社会分工不同，社会不同职业者的劳动性质差别较大，有的从事体力劳动，有的从事脑力劳动，有的从事混合性劳动；从劳动强度来分可分为大、中、小三种强度；至于劳动姿势和劳动环境，则是千姿百态，难以尽言。要根据不同职业者的劳动特点，制定出有针对性的、切实可行的运动方案。比如，脑力劳动者在工作时经常维持弯腰伏案的姿势，颈部前倾，脑供血受阻，颈、背、腰部肌肉易酸痛；低头含胸导致肺部活动受迫，呼吸机能降低，肌肉缺乏活动，体力下降，等等。针对这些特点，脑力劳动者就应以动作舒展的户外运动为主。对不同特点的体力劳动者，运动手段也应具有差异性。其运动的主要特点是：对劳动中负担较重的部位和肌群，应以舒展和放松练习为主；对劳动中负担较轻或基本无负担的部位和肌群，可适当加大活动强度；注重身体各部位和身心协调发展。

（5）注意地域和季节特点

我国幅员辽阔，不同地区地理气候条件、体育的地区特色等均有不同。运动中要强调因地制宜，从各地实际情况出发，有针对性地安排。我国居民多在室外进行身体运动，因此受季节气候制约较大，要依据自然环境的变化，调整和变更运动计划和运动活动。

上述各项身体运动的原则是相互联系的，是一个有机的整体，要在身体运动过程中全面贯彻，并结合运动手段、方法加以综合运用。

二、体育运动促进健康的科学方法

体育运动只有持之以恒，才能取得理想的健身效果。运动者在体育运动前应根据自身条件、健身目的、年龄和天气等多方面的因素，制订出一个长期稳定而又切合实际的运动计划。应根据人体发展的规律，运用各种身体练习和自然因素以培育和增强体质，达到锻炼身体的目的。

（一）体育运动的一般方法

1.负重运动法

负重运动法是使用杠铃、哑铃、沙袋等重物进行身体运动、增强体质的方法。负重的方法既适用于锻炼身体，又适用于各项运动者进行身体训练，还适用于身体疾患者的康复。

一般来说，为增强体质而进行负重运动，应该采用最大摄氧量和最大心排血量以下的负荷。因为过大的负荷可能给心血管和呼吸系统带来不良的影响，为了保证这种运动方法对身体有良好作用，在运动负荷价值阈范围内（心率120~140次/分钟）可以多次重复或连续进行。

2.重复运动法

在运动的过程中，可多次重复同一练习，两次（组）练习间安排相对充分的休息，从而增加负荷的运动方法叫作重复运动法。例如，50米加速跑4~6次，每次跑后间歇1~2分钟，且每次跑的距离和速度不变，主要用于发展下肢力量和速度素质。此方法的关键是一次练习后，间歇时间应当充分，这样可以有效提高运动者的无氧、有氧混合代谢能力，提高各种技术应用的熟练性与机体的耐久性。重复次数不同，对身体的作用就不同，重复次数越多，身体对运动反应的负荷量就越大。如果重复次数不断持续增加，可能使身体承受的负荷超过极点，乃至破坏身体的正常状态而造成损害。

运用重复运动法的关键是掌握好负荷的有效价值（最有运动价值负荷量下的心率），并据此调节重复的次数。通常认为，普通大学生的负荷心率在130~170次/分钟的范围内较为适宜。

3.间歇运动法

在运动的过程中，对多次运动时的间歇时间做出严格规定，使机体处于不完全恢复状态，并在此状态下反复进行运动的方法叫作间歇运动法。该方法的关键是间歇时间的严格控制，使机体处于不完全恢复状态，要求每次练习的负荷时间较长、负荷强度适中。此方法可使运动者的心脏功能明显增强。通过调节负荷强度，可使机体各机能产生与运动项目相匹配的适应性变化，提高有氧代谢功能，增强体质。

同重复运动方法一样，间歇的时间也要依据负荷的有效价值去调节。一般说来，当负荷反应（心率）指标低于有效价值标准时应缩短间歇时间，而高于有效价值标准时可延长间歇时间。实践中，一般心率在130次/分钟左右时，就应再次开始运动。间歇时不要静止休息，而应边活动边休息，如慢速走步、放松手脚、伸伸腰或做深而慢的呼吸等。

4.连续运动法

在运动的过程中，为了保持有价值的负荷量而不间断地连续进行运动的方法叫作连续运动法。此方法要求负荷强度较低、负荷时间较长、无间断地进行运动。从增强体质出发，需要间歇就停一会儿，需要连续就进行下去，所以不能仅讲究间歇，还要讲究连续。连续、间歇、重复都是在整个运动过程中实现的。连续、间歇、重复等因素各有其独特的作用，连续的作用在于持续保持负荷量不下降，维持在一定的水平上，使身体充分地受到运动的作用。

连续运动时间同样要根据负荷价值有效范围而确定，通常认为在140次/分钟左右的心率下连续运动20~30分钟，可使机体的各个部位都长时间地获得充分的血液和氧的供应，因而能有效地提高有氧代谢能力，发展耐力素质。

5.循环运动法

循环运动法是练习前设立几个不同的练习点（或称作业站），运动者按照既定顺序和路线，依次完成每个练习点的练习任务。即一个点上的练习一经完成，运动者就迅速转移到下一个点，下一个练习依次跟上。运动者完成了各个点上的练习，就算完成了一次循环。这种练习方法就叫作循环运动法。其结构因素有：每点的练习内容、每点的运动负荷、练习点的安排顺序、练习点之间的间歇、每次循环之间的间歇、练习的点数与循环练习的组数。

循环运动法对技术的要求不高，且各项目都采用比较轻度的负荷练习，因此练起来简单有趣，可有效地提高不同层次和水平的运动者的运动情绪与积极性；可以合理地增大运动过程的密度；可以随时根据情况加以调整，做到区别对待；可以防止身体局部负担过重，延缓疲劳的产生，交替刺激不同的体位，有利于综合运动，从而达到身体全面发展的效果。就大学生而言，运动时既要发展四肢，也要发展躯干；既要运动胸背部，也要运动腰腹部；既要追求形态的健美，也要注意机能、素质的全面发展。为此，运动者必须科学地搭配运动项目。根据已有的经验，一般选择6~12个已为运动者掌握的简单易行的项目为宜。

6.变换运动法

通过不断变换运动负荷、练习内容、练习形式以及条件，以提高运动者的积极性、适应性及应变能力的方法称作变换运动法。此方法可以有效地调节生理负荷，提高兴奋性，强化运动意识，克服疲劳和厌倦情绪，以达到提高运动效果的目的。如刚参加运动时，运动者可多做些诱导性练习和辅助性练习。随着运动水平的提高，运动者应加大练习的难度，如用越野跑代替在田径场的长跑等。运动条件的变化可使运动者的大脑皮层不断产生新异刺激，提高其兴奋性，激发其运动的兴趣，从而提高机体对负荷的承受能力，提高运动效果。另外，不断地对运动的内容、时间、动作速率等提出新的要求，可有效地调节生理负荷，使机体不断产生适应性变化，达到更好地锻炼身体的目的。

7.综合运动法

综合运动法是在进行身体运动的过程中，为促进身体各部位的全面发展而把对身体各个部位有不同作用的几个或更多的运动项目搭配起来，形成一个可影响身体数个部位乃至全身所有部位进行运动的方法，如跳绳、俯卧撑、双臂屈伸、引体向上、蛙跳等综合运动法。

8.身体不同部位的不同运动方法

（1）头部运动：头为人之首，常练可使大脑供血充分，有利于消除脑疲劳、增强记忆力。运动方法有头前屈、后屈、侧屈、回旋等。

（2）上肢运动：运动方法有俯卧撑、双杠臂屈伸、单杠引体向上及持器械的各种练习。

（3）躯干运动：运动方法有仰卧起坐、仰卧举腿、仰卧两头起、悬垂举腿、腰侧屈等。

（4）下肢运动：下肢为人体支柱，应使其发达、健壮。运动方法有杠铃深蹲、半蹲、提踵、跳跃等。

（二）简便易行的运动方法

1.步行运动法

步行是体育运动中最简便易行的运动方法，步行运动主要由步行的距离、速度决定其运动强度，运动者应根据本人的实际情况进行选择。常言道"百练不如一走""饭后百步走，活到九十九"，足以见得步行运动是古今长寿的妙法之一。

2.跑步运动法

跑步是一种相关肌肉群反复活动的全身有氧运动，跑步可以消耗体内过剩的能量，有助于减少体内的脂肪和控制体重。

3.游泳运动法

游泳的运动价值与跑步非常相似。由于人在水中受到水的阻力和浮力及水温的影响，同样的距离，游泳所需的能量是跑步的 4 倍之多，但心率却处于较低水平，因此游泳是一种更安全的健身方式。

4.跳绳运动法

跳绳能提高心血管系统和呼吸系统的功能，提高肌肉长时间工作的能力，同时能使人的速度、灵敏性、协调性等得到加强，因此跳绳运动是最好的减肥方法之一。

5.有氧操运动法

有氧操是一种充满活力的运动方法，在提高心血管系统和呼吸系统的功能方面有明显作用。跳操可以使体重得到有效控制，健美身材，愉悦身心。

（三）常见的大众体育运动

随着社会的发展，在广袤的中华大地上，也流传着深受人们欢迎的民间大众性体育运动。这种大众性体育运动，有的有着深厚的历史文化底蕴，有的则纯粹是为休闲娱乐而设置；有的已逐步形成较为严格的活动规则，有的则无一定之规。我国各少数民族，也都有丰富多彩的民间大众性体育运动。

近年来，在推进全民健身计划的同时，国家体育总局也组织整理、创编和推广了大量的民间大众性体育运动，从而极大地丰富了中华体育运动的宝库。此处只略举几项：

1.放风筝

风筝古称纸鸢。传统的风筝，缚竹为骨，以纸糊之，制成仙鹤、燕子、孔雀、蝴蝶、飞龙等形状。如今制作的风筝，常用塑料薄膜或尼龙绸等材料附于龙骨上制成。制作风筝是一项十分精巧的工作，放飞风筝对于陶冶情操、锻炼身体、鼓励人们参加户外活动是很有益的。

2.龙舟竞渡

龙是中华民族的象征。龙舟竞渡是我国最具民族特色的传统性体育文化活动，由来已久，深受人们喜爱。关于它的起源，各地有着不同的传说，带有惩恶扬善、崇尚英雄的思想内涵。

龙舟竞渡之所以受到广大群众的喜爱，成为广大群众休闲时的一项体育文化娱乐活动，是因为龙舟竞渡形式激烈，参加者奋勇争先、全力拼搏，带有浓烈的阳刚之气。同时，沿江傍河的观众人流如潮，群情激奋，为勇敢者加油。

龙舟竞渡中最有特点的是"夺标"，即在竞赛终点处设一标杆，上挂锦彩银碗之类的奖品，获胜者可直接夺得标上的奖励，也叫作"锦标"。正因为如此，"锦标"也成了体育比赛的通用词汇。由于参加竞渡的龙舟数目较多，而河面宽度有限，所以多数龙舟竞赛均采用淘汰法，直到决出最后的优胜者。

3.太极柔力球

太极柔力球是我国发明的一个新兴大众性运动项目，它科学地吸取太极拳劲力的精髓，汇集武术、网球、羽毛球等项目的动作特点，另辟蹊径创编而成，融健身、竞技、娱乐于一体，逐渐为人们所接受。

太极柔力球的用具有球与球拍，正式比赛还需专设的场地。球为白色的充气橡胶球体，上有太极图案，球拍的拍面较有特色，由软质塑胶材料制成，亦印有太极图案，受力时两面均形成弧形。基于此，运动者在击球时，要顺着来球方向、线路和速度做弧线运动，顺势将球击出，这就体现出太极拳以柔克刚、借力打力的原理。

我国已制定出太极柔力球正式比赛规则，可进行单人独练、双人对抛、花样练习和比赛，具有很强的适应性。比如，年老者可进行非正规的一般性练习，身强力壮者可提高动作速度，增加腾空、旋转等技巧动作，还可即兴发挥，打出许多花样，使运动者享受到无穷乐趣，以达到锻炼身体、娱乐的目的。同时，太极柔力球亦具有良好的观赏性。

4. 毽球

踢毽是我国独特的民间大众体育运动，有着悠久的历史，在21世纪初逐渐演变成毽球运动。毽球运动所需场地不大，器材简单，练习节奏可快可慢，运动强度可大可小，适合不同年龄、性别和体质水平的人参加。同时，毽球具有趣味性、竞争性和观赏性，深受国内城乡居民喜爱，并流传至东南亚。1984年，毽球运动被列入全国正式比赛项目，使古老的毽球运动焕发了青春。

毽球运动的用具分毽球和花毽两种。毽球场地为长方形，长12米、宽6米，中线将场地划分成相等的两部分，在垂直线上挂有长7米、宽0.76米、网孔0.02米见方的球网。网高男子的为1.60米，女子的为1.50米。比赛时每队由6人组成，上场队员为3人，每名队员除手和臂以外，身体任何部位均可击球，但全队一次最多只能有3人次4次击球机会。同时，每个队员不得连续击球3次，球不得在队员身上有明显停留。比赛没有时间限制，每局得15分并同时超出对方至少1分为胜一局，比赛采用3局2胜制。花毽即花样踢毽，其基本踢法有盘踢类、缠绕类、静止类、跳跃类4种，基本动作有平踢、拐踢、蹲踢、绷踢、交踢、砸踢、骗踢、落踢、抄踢等。

5. 球类运动健身途径

球类运动的历史渊源是游戏。在远古时代，人们在劳动之余，出于休闲娱乐和侍奉祭祀的心理需要，常常会利用某些充气或实心的圆形物件进行比赛或表演活动，逐渐形成最初的"球类运动"。在人类历史的发展进程中，人们创造了许许多多的球类运动形式，譬如与足球起源有着密切联系的蹴鞠，就产生在两千多年前的中国。如今，以"球"为运动媒介的活动更是项目繁多，难以数计。在竞技运动领域，球类运动项群是这一家族的重要成员，既是奖牌大户，又充满魅力。在学校各类体育活动中，球类运动是学生普遍喜爱的活动内容之一。各种球类活动项目，也逐步成为广大中老年人十分喜爱的健身活动项目，满足着各类人群的不同需求。

球类活动的最大特点是具有浓厚的游戏性（即娱乐性），能极大地提高人们的活动和欣赏兴趣。任何群体的人们，无论男女老少，均可对球类活动乐此不疲。同时，球类活动常以竞争和群体的方式进行，不仅能有效地培养人的勇敢、顽强、果断、机警等意志品质，而且能极大地增强人们的参与意识，陶冶人的情操，培养人的竞争意识、群体意识和审美意识。此外，各种球类运动由于其项目特征不同，负荷特征也迥然有异，可以满足不同类型人们的特定要求，如青少年可参加强度较大的足球、篮球运动，中老年人则可参加强度稍小的网球等运动。

（1）网球运动

网球起源于法国，经不断演化，逐步形成具有明确比赛规则和裁判方法的现代体育项目。打网球需要专门的场地、设备和球拍，运动者也要有专门的服装和一定的训练水平，这就对运动者的身体素质、技术水平和经济条件等提出了较为苛刻的要求。直到今天，网球在我国仍是"时髦"的运动项目。

网球属于间歇性运动项目，移动击球时运用有氧与无氧混合的负荷方式，其他时间常常为有氧运动与休息相交替，故从健身的角度出发，它属于中等或较轻缓的运动项目，对发展人的力量、速度和耐力均有一定的作用。同时，网球对提高人的社交能力、扩大生活范围也具有一定的意义。

网球以技术动作为基础，以战术运用和比赛表演为刺激因素来实现其自身价值。网球技术包括握拍方法和击球技术等，后者又可分为落地击球、截击空中球和发球三类，各类技术还包括许多专门动作或练习。网球比赛可分男女团体、男女单打、男女双打和混合双打等项目。

（2）羽毛球运动

现代羽毛球运动起源于英国。羽毛球运动的器材设备简单，场地面积不大，便于开展，男女老少都可参加，在室内外均可进行。羽毛球运动又是一项较为激烈的健身运动项目。击球时球的飞行有快慢、高低、远近、飘转及力量轻重等变化，这不仅要求运动者具有较好的力量、速度和耐力，而且步法要灵活、反应要敏捷、技术要全面、战术要娴熟。因此，羽毛球具有较高的观赏和运动价值。

作为一种健身运动项目，羽毛球运动只需两支拍子和一个羽毛球，有两人即可进行。它对场地条件的要求也较低，一般大厅、过道、广场、校园、公园等均可。羽毛球的最大特点是活动量可因人而异。一般中老年人可以不划分场地、不挂网、不限时、不计分地进行练习，故该运动受广大中老年朋友所喜爱。

（3）乒乓球运动

乒乓球运动起源于英国，是由网球派生出来的。19世纪后期，英国的一些大学生从网球运动中得到启示，在室内以餐桌为球台，用橡胶或软木作球，在桌上打来打去，后经改进而成乒乓球。

乒乓球一般在室内进行，对器材设备要求简单，不受年龄、性别和身体条件的限制，具有广泛的适应性和较高的运动价值。乒乓球属于全身性运动，在生理特点上以有氧代谢为主，故对发展人们的上肢力量、反应速度和全身耐力有利。同时，由于运动时球体小、速度快，有利于提高运动者的灵敏度、协调能力和爆发力，在与同伴对练中，不仅能够提高运动的情趣，还可以有效地发展人的机警、果断、竞争和交往能力。对普通运动者来说，把乒乓球作为健身运动项目，首先要掌握正确的握拍方法。不少中老年人喜欢用直握拍法，指导他们打球时，要求其先不要学扣杀，用拍子将球推到对方球台即可。经过一段时间的运动，技术逐步提高后，就可以学习发球技术、进攻技术、扣杀技术和其他一些战术了。为了提高兴趣，也可以进行比赛，但要根据运动者的身体特点和技术水平，合理掌握其难度。对乒乓球练习时的强度也要有所控制，运动者的心率一般应保持在 140 次/分钟以下。

6.体操舞蹈运动途径

从体育发展的渊源来看，体育可分成两种：自然体育和非自然体育。体操和舞蹈运动是按照体育运动活动的需要，由人工创编的肢体运动，属于非自然体育的范畴。从现代运动项目的发展趋向看，非自然体育也和自然体育一样得到飞速的发展。现代体操不仅是竞技运动的重要领域，更是大众健身的重要内容。大众健身中的体操主要包括：徒手操、器械体操、健美操、广播体操、医疗体操等。舞蹈属于文化娱乐活动的范畴，其历史十分悠久，随着社会文化活动的源起、发展、繁荣而不断兴盛。在现代社会里，舞蹈中的一支——体育（健美）舞蹈，具有十分明显的身体文化特征，正日益受到人们的青睐。

（1）广播体操

广播体操是一种典型的全身性徒手操。它是通过广播音乐节奏来指挥群众进行徒手运动的运动手段。

1951 年，中华全国体育总会筹备委员会、中央人民政府教育部、中央人民政府卫生部等发出《关于推行广播体操活动的联合通知》，要求在全国逐步建立起广播体操制度。1954 年和 1955 年，中华人民共和国体育运动委员会及有关部门分别发出联合通知，先后推出了少年广播体操和儿童广播体操。广播体操一般包括上肢、下肢和躯干等各个部位的练习，由 8~12 节组成，含屈伸、举振、转体、平衡、跳跃等各种动作。一套广播体操要求在 5~6 分钟的时间里使身体的各个部位、各部分的关节、肌肉、韧带都得到运动。经常从事广播体操运动，有利于增强骨骼、肌肉、韧带和内脏器官的机能，发展一般身体素质，培养节奏感和身体的协调性。实验证明，做广播体操的运动强度约在 100~120 次/分钟，是一般运动者能接受的有氧运动强度，因而做广播体操对改善运动者的心肺功能极为有利。此外，做广播体操还有助于形成正确的身体姿势和良好的体态，放松大脑，提高工作效率。

在一天的任何时间里，均可做广播体操。清晨起床后做操，能使人从抑制状态很快进入兴奋状态，调动身体各部位活动起来。工间或课间做操，可消除工作和学习中的疲劳。工作后做操，能起到积极的休息作用，加速体力恢复过程。我国许多单位、机关、学校均有做广播体操的习惯，在雄浑有力、节奏鲜明的音乐伴奏下，全体成员甩甩胳膊、扭扭脖子、伸伸腿，对激发运动热情、取得运动效果有十分积极的作用。即使条件不允许，无音乐伴奏，找一空地做几节操，对缓解疲劳、放松大脑也有好处。

（2）健美操

健美操是我国体育运动的一项新兴项目，深受广大群众的喜爱，已成为社会体育运动的重要内容。它融体操、舞蹈、音乐于一体，经过再创造，按照全面协调发展身体的要求，组编成操。在音乐伴奏下，通过反复练习，达到增进健康、培养体态、塑造形体、陶冶情操的目的。

目前国内外流行的健美操大致可分为六类：按不同年龄编制的系列健美操，培养体态和塑造形体的健美操，运动身体各部位的健美操，徒手或轻器械健美操，按不同性别编制的健美操，按人数编制的单、双人或集体健美操等。

健美操动作难度低，重复次数多，它采用各种体操和舞蹈的基本动作创编而成，并配以节奏明快的音乐，使运动者轻松自如。具有一定体操基础的运动者也可随着音乐节奏创编适合自身的健美操动作。

（3）健美舞蹈

尽管舞蹈包括丰富的身体动作，但其内涵仍属于艺术活动。自古以来，"舞"既是一种文化活动的结晶，又是表达思想感情的特殊方式。健美舞蹈与一般舞蹈的根本区别在于其主要目的是增进健康、增强体质。健美舞蹈多是传统健身术、民间舞蹈、日常生活动作与音乐相结合的产物。将身体动作与音乐融合在一起，可使人跃跃欲试，产生欢乐而振奋的情绪。因此，健美舞蹈具有广泛的群众基础。

（四）自然力运动途径

人体与自然的关系，有一个内外环境的统一和平衡的问题。人体不仅要增强机体功能，在各种自然环境条件下求得生存，而且应该利用各种自然因素（自然力）进行身体运动，以提高自身适应能力，增进健康和增强体质，由此衍生出某些自然力运动手段，如日光浴、空气浴和水浴等，俗称"三浴"。人类在其生命长途中，时刻都与日光、空气、水打交道，但它与以强身健体为目的的"三浴"相比较，却有着很大的不同。

1. 日光浴

太阳给地球带来光和热，使人类得以繁衍生息。太阳光是人体生长发育、健康成长必不可少的重要条件。日光浴是按照特定的需要和要求，使人体皮肤直接在太阳下照晒，从而达到增强体质的目的。

太阳光分为可见光（白光）、红外线、紫外线三种。可见光（白光）是由红、橙、黄、绿、青、蓝、紫七种颜色的光混合而成的复合光。红外线和紫外线是肉眼看不见的光线，它们对人体同样有着重要的作用。

红外线对增进健康的作用，一是产热，二是促进新陈代谢。红外线经过皮肤和皮下组织的吸收，使这些组织的分子或原子发生旋转、振动，其结果是使光能变成动能，最终变为热能，使皮肤的皮下组织温度升高，促使局部血管扩张、血流加速，促进新陈代谢，进而提高细胞的机能水平。

紫外线与人体健康的关系更为密切。紫外线具有很强的杀菌能力，在它的作用下，一般病菌在阳光下直射几十分钟便会死亡。因此，人体在阳光下照射，可以增强机体的免疫力。紫外线可使皮肤里的黑色素增多，使皮肤变得黝黑、皮肤表皮增厚。黑色素具有吸收阳光各种成分的功能，从而使皮肤对外界的机械、化学、温度的抵抗力得到增强，屏障作用得以提高。紫外线照射还能促进骨骼正常生长。在紫外线的照射下，皮肤里的脱氢胆固醇可转变为维生素 D，从而促进钙、磷的吸收。因此，日光浴能防治软骨病和佝偻病。

2.空气浴

空气浴是指人裸露身体或穿着单衣裤而让空气"沐浴"身体。空气浴的作用主要有两个方面：

（1）提高人体对外界环境的适应能力

空气浴主要是利用气温与皮肤温度之间的差异形成刺激，使体温调节功能更加完善，以适应外界环境的变化。

体温调节能力，即通过产热、散热保持平衡的能力。当人体受冷空气的刺激时，通过神经反射，体温调节机能便随之活跃起来，表现为新陈代谢加快、产热过程加强、散热过程减弱，使体温消耗降低到最低水平，机体在冷环境下产热、散热保持平衡。人体具备了迅速产热和控制散热的能力，一旦遇到气温骤然下降的恶劣气候，也能适应而不至于生病。

（2）改善血液循环

新鲜空气中氧气丰富、阴离子浓度高，使人血液循环时氧的含量提高，能提高新陈代谢水平，增强机体的抵抗力，预防呼吸系统的各种疾病。如果在高原运动，由于空气稀薄、氧分压低，为了获得足够的氧气，呼吸肌自然要加强收缩效率，这样就可提高呼吸机能水平，增大肺活量。

根据所浴空气温度的不同，可把空气浴分为冷空气浴（温度为6~14 ℃）、凉空气浴（15~20 ℃）、中等温度空气浴（21~25 ℃）、暖空气浴（26~30 ℃）和热空气浴（30 ℃以上）。对于锻炼身体来说，主要应采用冷空气浴和凉空气浴。

进行空气浴有两种方式：一种是结合生产、生活进行，如增加户外活动时间、开窗睡觉、体力劳动时少穿衣服等。这是最简便、灵活的方式，它不受地区季节及物质条件的限制，随时随地都可有意识地进行。另一种是在一定时间、专门地点进行的空气浴运动。

3.水浴

水是锻炼身体效果十分显著的一种物质。水浴是水运动的一种，它是利用水的温度、机械作用和化学作用来锻炼身体的手段。

经常进行水浴运动，对增强体质和预防疾病大有裨益。机体受到水的刺激，会引起一系列有益于人体健康的变化。

水能增强肺组织的弹性和胸部的活动能力，水可以使心肌受到锻炼，改进心血管系统的功能。冷水浴运动可以调动身体里的血液循环，增加氧气和养料，促进新陈代谢。由于冷的刺激，要加快血液循环，就需要加快心跳的次数，增加每搏输出量，从而使心肌得到锻炼。冷水浴还可以增强皮肤的抵抗力。冷水的刺激可以改善皮肤的血液循环，加强对皮下组织的营养供应，皮脂腺增加，这样可以使皮肤柔韧润滑、富有弹性。

冷水浴可以增加血管弹性。皮肤受到冷水刺激，皮肤的血管急骤收缩，血管口径变细，大量血液被驱入心脏和深部组织。此时，内脏血管扩张，之后皮肤血管又扩张，大量血液又从内脏流向皮肤。在一次冷水浴运动过程中，周身血管都将参与这种一张一弛，人们把它称为"血管体操"，这就可以增强血管的弹性，防止血管壁硬化而产生高血压，防止胆固醇在血管壁沉积而产生动脉硬化和冠心病。

冷水浴有多种方式，作用较温和的有冷水擦身、洗脸，其次是冷水冲洗、淋浴、盆浴，影响最剧烈的是冬泳。要根据个人的身体状况和耐寒能力灵活地选择冷水浴的方式。

（五）健身器械运动途径

世界范围内大众健身运动特别是健美运动的普及，使得以前作为竞技运动手段的许多体育器材也逐渐转向大众体育领域。同时，人们已经研制出了许多适合健身运动需求的体育器材，这样就形成了一类新型的健身运动途径——健身器械运动途径。现代健身器械已经走出了狭隘的健身中心，向大众化、家庭化的方向发展。

1.常用体育运动器械与其功能

（1）哑铃系列

哑铃是最为常用、最为方便和最为有效的健身、健美器械之一。哑铃分为固定重量哑铃和可调节重量哑铃两种。它们大都由金属或非金属材料浇铸或切削加工而成。哑铃的练习方法多种多样，有单手握铃练习和双手同时握铃练习，也有将哑铃套在脚腕部进行练习，等等。运动者可根据自身具体情况选择不同的练习方法。

（2）壶铃系列

壶铃的外形像一只壶，是用生铁浇铸而成的。壶铃的重量由1千克到50千克不等，人们可根据需要选择不同重量。运用壶铃进行健身、健美运动时，可用单手或双手握住壶把来完成各种不同的练习动作。练习方法主要有运用单手握铃和双手握铃，完成屈臂、弯腰、体侧、纵跳等动作，以此来发展臂部、腰背部和腿部等部位的肌肉力量。

（3）杠铃系列

标准的杠铃是由横杠、杠铃片和卡箍三部分组成的。国际标准杠铃要求横杠长度不超过2.20米，横杠直径0.028米，两个内卡箍之间距离为1.31米，最大的杠铃片直径为0.45米。卡箍每个重2.5千克，由特制钢材制成，它可以固定横杠和杠铃片。杠铃片的重量和颜色有特殊规定。还有各种小杠铃和棒铃，重量各异。运用杠铃进行力量练习的方法很多，主要有双臂推举杠铃，提拉杠铃和肩负杠铃进行转体、体屈、下蹲和跳跃等，运动者可根据运动部位的不同选择具体的练习方法。

（4）拉力器系列

拉力器根据其产生拉力的特点可分为橡皮筋拉力器、弹簧拉力器和滑轮配重拉力器几种。橡皮筋拉力器的阻力主要产生于橡皮筋被拉长时的弹性收缩力，增减阻力主要靠换用不同弹性的橡皮筋或多股橡皮筋一起使用。弹簧拉力器的阻力来源于钢丝簧被拉长的弹性收缩力。这种拉力器制作成本较低，可广泛适用于广大健身、健美运动者。滑轮配重拉力器主要由定滑轮、配重块和钢丝组成，一般固定在墙上或金属架上使用，用"插销"来自由调节重量。拉力器也适合于运动员的专项力量训练，因此应用面非常广。

2.专项力量练习器械与其功能

（1）力量练习架

主要依靠人体自身的重量在各种支架上进行练习。最早是用单杠、双杠、肋木等器械进行，后逐渐改进为各类专门的健身练习架。

①臂屈伸练习架

臂屈伸练习架是根据双杠原理设计出来的，该器械的结构较为简单，是将U形杠和主体立柱焊接一体而成的。基本练习方法是：屈臂支撑在U形杠上，然后以肱三头肌和胸大肌的收缩力向上推撑至两臂伸直，再屈臂还原。上推要快而高，下落应慢而低。

②腹肌练习架

腹肌练习架是主要用于发展腹部肌群的健身器械。它是由一块长约2米、宽0.5米的海绵斜板靠在"目"字形主体架上构成的。斜板上端装有海绵横轴。"目"字架上的高低横梁用来调节斜板的角度。运动者仰卧在斜板上，两脚钩住斜板上端的横轴，两手或抱颈或上举或贴体侧，做仰卧起坐练习。也可两手握横轴，做直腿或屈膝上举。

③举腿架

举腿架是用于发展腹部及臀部肌群的健身器械。它由挂臂支架、靠背板和主体立柱组成。挂臂支架呈U形，两侧各有一块海绵垫，两端上弯为握把。运动者位于举腿架中间，双臂支撑在海绵垫上，两手握竖把，然后用力将双腿上举至腹肌完全收缩。如腹肌力量差，可先做屈膝举腿；若腹肌力量强，可在小腿上附加重物。举腿架还可用来做双臂屈伸、挂臂耸肩、悬垂举腿、屈体团身等练习动作。

④卧推架

卧推架是专门用于进行卧推练习、发展胸部及臂部肌群的健身器械，由长凳与凳端两侧的Y形支架组成。支架用来放置杠铃。运动者仰卧在长凳上双手推举不同重量的杠铃。

⑤举踵架

举踵架是主要用于发展小腿后部肌群的健身器械，有站立举踵架和坐式举踵架两种。站立举踵架呈 L 形，人站立其下，双肩扛住与下端配重片相连的 U 形肩托，向上做提踵动作。坐式举踵架是在架下安放一坐凳，练习时人坐在凳上，将两大腿置于与配重片相连的 T 形架下，反复做提踵练习。

（2）专项力量练习系列

这类健身器械除了能进行肌肉力量练习外，还能够进行有氧耐力能力的练习，具有多种练习功能。

①健身车

健身车全称是"固定健身自行车"，是当今广为流行的一种室内健身器械。

健身车可以使腿部和臀部的主要肌群的力量和耐久力得到锻炼。蹬车时，由于臀大肌和大腿后群肌的牵拉，髋关节、膝关节和踝关节得到充分活动。健身车还能提高呼吸系统和心血管系统的功能，增强髋关节、膝关节和踝关节的灵活性和柔韧性。此外，健身车运动属有氧运动，对于肥胖者减重的效果较为显著。

随着科技的进步，健身车已达到自动化控制的水平，车把上的屏幕会显示出各种数据，如心率、呼吸频率、时间、速度、距离及耗能等。这些数据便于运动者及时掌握运动量和调整自己的运动强度。有的车上装配的彩色荧屏中还能显示出不同的风景画面，令运动者心旷神怡，不感乏味。

②跑步机

跑步机也称步行机、健步机或平跑机，是目前十分流行和有效的室内健身器械。跑步机可分为平板式、电动式和磁控式。平板式跑步机是靠运动者自身的动力来带动跑步带运转的；电动式跑步机主要靠电机驱动；磁控式跑步机则是通过运动者克服磁控阻力来完成练习。

从功能上来分，有单功能跑步机和多功能跑步机两种。单功能跑步机主要具备跑、走功能，运动者完全靠两腿交替前移进行跑步或走步练习。所以，其不仅能有效地提高腿部力量和人体的平衡与协调能力，促进血液循环和新陈代谢，还可以极大地增强心肺功能。由于跑步是一项有氧运动，所以跑步机练习是最佳的减肥方法之一。

多功能跑步机是在单功能跑步机的基础上，增加了划船、蹬车、腰部扭转、俯卧撑、按摩等功能，有的还配有电子显示器。它的主要特点是一机多用、占地不大、上下兼顾，既能满足身体全面运动的需求，又避免了单一运动方式的枯燥。

③健骑机

健骑机又叫健身骑马机，集健身、娱乐、康复于一体，是当今颇为流行的一种健身器械。健骑机造型别致，基本结构以杠杆原理巧妙地连接组合而成，主要部件有支架、骑座、扶手和脚蹬架（脚踏板）等。健骑机不仅可以作为专业运动员的训练器械，也可以作为大众健身的家庭健身器，是养生、娱乐、康复、保健的理想运动器械。健骑机的主要功能是运动上下肢的肌肉力量，增强心肺功能和消除多余脂肪，从而达到减肥效果。由于采用低冲设计，因此在进行健骑机练习时能有效地降低运动对踝部、膝部和背部造成的劳损。

运动者坐在骑座上，双臂前伸握住扶手，两脚踩在脚蹬架上，然后双臂后拉，同时两脚下蹬，身体由屈而直。随着身体上下起伏与脚蹬位置的变换，运动者仿佛驾驭着一匹骏马，摆脱了单一和枯燥的感觉，对练习充满了兴趣。

3.综合健身器械与其功能

综合健身器械又称多功能健身训练器械、联合健身器械或多功能组合机。它将多个单项健身器械巧妙、合理、有机地结合在一起，可在一个主机上有多种运动的功能。

综合健身器械多属拆变式的组合，它的主体结构是由优质钢材加工而成的，其他部件由钢材、铸铁或塑料等材料制成，表面喷漆或电镀。

根据设计原理的不同，综合健身器械可分为不同类型，其功能少至三四种，多到四十种以上。

综合健身器械具有体积庞大、功能齐全、使用范围广、训练内容全面等多种优点，可谓"一机一个健身房"。它既适合一般人进行健身、健美运动，也是专业运动员进行力量训练的常用器械。它不仅能对人体某个部位进行专门性的局部训练，也能对人体的各部位肌群进行循环性的全面运动。它的最大特点是可容纳多人同时进行不同体姿和不同体位的练习。因此，综合健身器械是健身中心、俱乐部、专业运动训练基地、学校健身房等常见的健身器械。

综合健身器械的练习方法多种多样，在运用综合健身器械进行运动时，应认真了解每种器械的功能和使用方法以及练习时的有关注意事项，并要根据自己的实际情况和运动需要，制订适宜的练习计划。

第三章 高校体育运动与大学生身体健康促进

第一节 影响大学生身体健康的因素

影响大学生身体健康的因素有很多，如遗传、教育、营养、体育运动、生活习惯以及卫生保健等。这些因素中，除了先天遗传因素外，其他因素都可以在后天进行培养和锻炼，尤其高校体育运动对于增强大学生体质具有重要作用。

一、外部环境因素

环境是一个极其复杂的、辩证的综合体，一切生物都要适应环境而生存，人类不但要适应环境，而且要利用、支配、改造环境。环境是人类赖以生存和发展的摇篮，一切生物都不可能脱离环境而生存，每时每刻都生活在环境之中，并且不断受到各种外界环境因素的影响。环境主要是指环绕在我们周围的各种自然及社会因素的总和，是人类赖以生存、从事生产和生活的外界条件。人类不仅生活在自然界，具有生物属性，而且是生活在人与人之间关系总和的复杂的社会中，又具有社会属性。因此，研究影响大学生身体健康的外部环境因素，主要从自然环境因素、家庭环境因素、高校环境因素、社会环境因素来分析。

（一）自然环境因素

自然环境因素包括阳光、空气、水等，这些无疑对健康有着直接的影响。自然界中的恶劣气候、有害的水和气体、噪声和污染物等，都随时威胁着人们的健康。自然环境中某些化学元素的含量，会影响人体的生理功能，对人体健康产生影响。尽管人体的生理功能具有一定的适应和调节能力，但这种适应和调节能力是有一定限度的。如果环境中的某些化学元素含量过多或过少，超过人体生理的调节范围时，便会使人和环境之间的平衡遭到破坏，从而使机体的健康受到不同程度的影响，甚至形成地方病和流行病。例如，环境中缺少碘，可导致地方性甲状腺肿大的发生和流行；长期饮食含氟量高的水或食物可引起氟骨症；等等。所以，人类的多种疾病都与生活的自然环境有密切关系。

（二）家庭环境因素

家庭环境因素是影响大学生身体健康的重要因素，主要包括家庭教育方式、家庭氛围、父母行为等因素。家庭教育方式不同导致孩子的体质不同，例如，在溺爱的家庭中成长的孩子饮食和作息会不规律，从而导致形态指标不合格；良好的家庭氛围使孩子更乐于参与各种体育运动、养成良好的生活习惯；父母的健康行为是影响孩子体质的直观因素。调查显示，有近一半的在校大学生认为自己的父母并没有把理论学习与体育运动平等看待。现实生活中，绝大多数的父母对孩子的健康教育极少，而且很多家庭都是独生子女，这就造成了父母对孩子溺爱的现象，孩子慢慢养成懒散、不爱动的坏习惯，最终导致其既没有体育运动的意识，又没有锻炼身体的爱好，从而导致体质状况不断下降。虽然很多大学生都远离父母外出求学，平时与父母只能通过通信工具进行交流，但是身体健康意识、健康的生活方式、体育运动等在学生时代的初期就已经慢慢形成。因此，家庭环境因素对大学生身体健康有一定影响。

（三）高校环境因素

一方面，从高校的体育课程设置角度来看，体育必修课程只在大一和大二开设，而到大学最后两年虽然有体育选修课，但很少有学生选修，这也是大学生体质下降的原因之一；另一方面，一些高校的体育场馆等硬件设施勉强甚至未能达到国家规定的标准，仅有的场馆设施开放力度也不够，大学生的运动设备、运动器材短缺，使得大学生想通过体育运动来改善身体健康的愿望大打折扣。此外，调查结果显示，有超过一半的在校大学生认为学校的体育文化氛围一般，缺少对健康体魄的关注，这样的整体氛围会使大学生忽略身体健康的重要性。

（四）社会环境因素

虽然国家一直重视大学生的身体健康，社会不断鼓励体育行业的发展，高校也喊出了"每天锻炼一小时，健康生活一辈子"的口号，但未见落到实处。当今社会上仍充斥着"重智育、轻体育"的氛围，整个社会环境极其不利于大学生对身体健康的认识。同时，社会对大学生的体质测试并不全面，监测机制也未能完善。除此之外，人们生活水平提高的同时也带来了很多不好的影响，一方面是大学生学习、生活的压力大；另一方面就是高科技使大学生愈发懒散和拖延，这也间接影响到了大学生的身体健康。

二、大学生自身因素

（一）遗传因素

遗传是影响个人体质的首要因素。大学生的高矮胖瘦与父母有很大的关系，而且遗传对体型发育水平、生理功能、生理作用和运动能力等具有重大影响。遗传因素是影响身体健康的先天性因素，同时也是决定着身体健康的最初因素。若父母的基因健康，则孩子体质好的可能性较大；若父母的基因不健康，则孩子体质差的可能性较大。遗传因素在形态指标上的作用体现突出，尤其是身高，和遗传因素密切相关。在过去，传统的生活方式等因素，导致父辈多为近亲结婚，遗传因素也相应地呈现出了一些地域差异。有研究对我国 1985—2000 年 19~22 岁的南北方大学生的体质状况进行比较，得出一些结论：第一，南方大学生身高、体重增长幅度较小，北方大学生身高、体重增长幅度较大；第二，南北方大学生的肺活量都有显著下降；第三，南北方大学生四项身体素质中下降最为突出的是耐力和柔韧素质，且南方大学生更为明显；第四，南北方大学生在身体健康状况中存在显著差异。

（二）时间安排因素

大学生活和高中生活有很大差别，大学的课程安排跟高中的课程安排不同，大学生有较多的课余时间，如何安排时间是大学生要面临的问题。有专家对此进行了相关研究，得出的结论是时间安排间接影响大学生的身体健康。例如，大一学生参与社团活动较多，这和大一学生刚进入大学，对事物好奇的心理有关；大一、大二学生参与运动的人数高于大三、大四学生，合理安排运动时间，有助于大学生的身体健康；大三、大四学生上网的时间比大一、大二学生多，随着大学生用电脑和手机上网的时间越来越长，手机和电脑的辐射对眼睛、头部、骨头以及皮肤造成的伤害越来越大。因此，时间安排的合理性在一定程度上影响大学生的身体健康。

（三）饮食及作息因素

生活行为是人们在一定的社会观念支配下在生活各个领域中进行的实践活动，其中，饮食和作息对身体健康的影响较大。无规律的饮食和营养摄取不均衡，引发疾病的概率较高，危害着人的身体健康。膳食营养不合理是使大学生体质下降的重要原因之一。作息不规律、经常熬夜的人容易导致体重失衡，没有充足的睡眠，人体所消耗的能量不能被充分补给，人体机能得不到修复，进而影响人体的新陈代谢，对身体健康造成短期内无法弥补的伤害。因此，饮食及作息是影响大学生身体健康不容忽视的因素。

（四）心理因素

人的心理活动也会影响人体生理的变化。比如，极端的担忧、恐惧和焦虑可使人头发变白，这便是严重的动机冲突和极度的情绪紧张造成的结果。科学研究发现，当人心情愉快时，胃黏膜分泌增加，胃壁运动也明显增强；当情绪悲伤、自责或沮丧时，则胃黏膜苍白，胃蠕动减慢，胃黏膜分泌明显减少。心理因素对人的身体健康的影响是多方面的，也是非常复杂的。一般来说，积极、良好的心理因素能够有效地促进人的身体健康；反之，消极、不良的心理因素则损害人的身体健康。医学和心理学研究证明，人的健康状态和疾病的产生与心理因素有着密切的关系。现今，约 80% 的疾病都可以归属"身心系统"疾病范畴，尤其是被称作慢性非传染性疾病的心脑血管疾病、高血压疾病、消化性溃疡、恶性肿瘤以及自杀、意外伤害等都与心理因素有着密切联系。美国生理学家沃尔特·布拉德福德·坎农在 20 世纪初做过大量的实验，他发现人在焦虑、忧郁的时候，会抑制肠胃的蠕动和消化腺体对消化液的分泌，引起食欲减退的情况；发怒或突然受惊的时候，会呼吸短促、加快，心跳激烈，血压升高，血糖增加，血液含氧量增加；突然惊恐甚至会出现暂时性的呼吸中断，心电图波形会发生明显改变。

（五）同伴的影响

同伴的影响对大学生养成良好的习惯具有潜移默化的作用。人是群居动物，尤其大一学生面对陌生的环境，更愿意参加集体活动。爱运动的大学生常常以他们的兴趣爱好影响同伴，尤其针对有人数要求的篮球、足球和排球等集体项目，大学生会相互邀约一起运动，体会运动的乐趣。注重身体健康的大学生会对班级同学起到宣传引导的作用；注重身体健康的大学生会在饮食方面提醒同学，在交谈中会普及相关的身体健康知识，在作息时间上会建议同学早睡早起等；注重身体健康的大学生会在无形中促使更多大学生进行体育运动，使他们养成良好的生活习惯，从而提高身体健康水平。不注重身体健康的大学生对班级同学同样有影响，若班级同学的自制力差，就有可能被有坏习惯的大学生影响。

第二节 高校体育运动与大学生身体健康的关系及影响分析

一、高校体育运动与大学生身体健康的关系

随着科技水平的不断提高和网络的普及，体力劳动和体育运动缺乏的现象日益严重，人们的健康受到更大威胁。北京体育大学王瑞元教授等提出，人体通过体育运动，使神经系统得到锻炼。体育运动可以促进机体的肌肉、骨骼发育与生长，促进机体血液循环，调节神经系统、呼吸系统等系统功能的状况，还能提升机体有氧耐力运动水平，提高身体供氧代谢能力。肺活量受年龄、性别、胸廓、呼吸肌发达程度，以及肺、胸壁的弹性等因素的影响。而参加体育运动，可以提高呼吸肌的力量，使呼、吸气的能力增强，肺的通气量增加，肺的弹性提高等，这些变化直接导致人体肺活量的增加。另外，有研究证明，学生在接受过体育训练后，肺容积增大，最大吸氧量增加，肺活量也随之提高；而且经常参加体育运动可使学生的心肌发达，从而进一步增强心脏功能，改善机体感受器官的功能，提高身体素质。故运动习

惯与身体素质存在显著相关性。

科学家经多年研究指出，运动与健康是息息相关的，并列举了运动与健康的关系：运动可改善心血管系统，降低血液中低密度脂蛋白含量，减少患冠状动脉阻塞的心脏疾病的概率；运动可降低肥胖的程度，据估计，如果能将与肥胖有关的疾病加以预防，人类可以增加约七年的寿命；背痛造成活动困难，使身体机能退化，导致支撑脊椎的肌力衰退或组织失去弹性，而适当的肌力训练和运动可以有效改善或预防背痛，增进身体活动能力；慢性疲劳除了和疾病有关外，也会因为缺乏运动而导致肌肉组织流失，使肌力减退，无法有效地开展日常生活和工作；随着高度工业化，缺少运动容易引发一些疾病，如冠心病、高血压、下背痛、肥胖以及关节病变等；运动不足，使儿童愈来愈衰弱，其协调感、平衡感、空间感每况愈下，社会活动力也因此降低；运动可以控制体重，体重过重是引起冠心病、高血压、糖尿病、关节等病变的导因；现代生活的快节奏造成的巨大压力容易导致焦虑，影响人们的精神健康，运动让人心情愉快，更好地迎接每天的挑战；运动可增强适应能力，提高工作效率，增加收入，改善生活品质；睡眠的质量能够因为运动而变得更好，良好的睡眠是健康的基础；运动可有效地缓解工作的紧张和压力；体能良好者能享有独立自主的晚年生活，大幅降低晚年日常生活的依赖性，老年时期体能良好者，能远离病痛、保持健康，享受高品质的晚年生活。

二、高校体育运动对大学生身体健康产生的影响

（一）高校体育运动对个人健康责任的影响

个人健康责任的思想在中西方的研究中都可以追溯到千年以前。西方学者认为，个人健康责任的思想起源于古希腊和古罗马时期，最初对此的表述是个人对行为的控制以及对健康影响因素的探讨。在国内研究中，学者们则

认为个人健康责任的思想在《黄帝内经》中已经得到了阐述，具体是指人在与自然、社会环境的整体动态平衡中把握健康。

个人健康责任的内容主要涵盖三个方面：个人能认识到健康的重要性，包括其对健康和健康行为的认知程度；个人在健康行为选择上的自主与自律，包括其能动性和创造性发挥的程度；个人对自身的健康结果负责，以及其能预见某些行为所产生的不良后果。国内外研究成果指出，体育运动与健康责任呈正相关。实验发现，体力活动水平较高的群体与体力活动水平较低的群体相比，前者在健康责任维度的得分更高。实验干预一周后，通过国际体力活动问卷评估受试者体力活动的变化，发现运动的确能够增强个体的健康责任意识，提高受试者健康责任维度的分值。有学者在对土耳其大学生进行为期两周的阻力运动实验时发现，实验组的健康责任维度高于对照组，他提出阻力运动可以通过提高健康责任维度得分来改善大学生的健康生活方式。但是也有研究指出，类似瑜伽、慢跑等有氧运动也可以提高机体的健康责任。因此，运动方式与健康责任维度的关系还需要进一步的试验来证明。

（二）高校体育运动对大学生心理发育水平的影响

长期以来，很多大学生认识到高校体育运动能够起到增强体质的作用，但是，不少大学生却对体育运动能够调节情绪、振奋精神和起到积极性休息的作用认识不够，尤其是没有运动习惯的大学生，更缺乏这种实际体会，也就不可能从中获益。健康的人体是一个稳定的有机体，良好的情绪表现为整个心理状态的稳定和平衡，其有利于保持和促进整个有机体的稳定。参加高校体育运动，可以转移注意力，调节情绪，进行积极性休息。每个人体内都有一种最有助于健康的力量，这就是良好的情绪力量。良好的情绪还是一种治疗疾病的"药物"，这种"药物"的医疗价值是无法估量的。

高校体育运动对培养大学生良好的意志品质和高尚的情操具有积极作用。大学生参加体育运动，需要有明确的目的、动机和良好的情操，不然即使参加也是难以坚持的。坚持体育运动，需要为达到目的而具有自觉性和自制力。长期参加高校体育运动的大学生都会有所体会，如果没有克服困难的毅力是不可能持之以恒的。总之，高校体育运动是为达到一定目的的身体活动，要求参加高校体育运动的大学生身体力行、持之以恒。这是需要付之行动的事，对于培养运动意志和情操起着很好的作用。

第三节 促进大学生身体健康的科学运动计划

一、科学运动的原因

健康，乃人类追求的目标；健康，也是人们生活的基础。可以说，"生命在于运动，运动要讲科学"，科学运动才是高校体育运动的必由之路。

科学运动可以达到控制体重、改善心理健康状况的目的。科学运动对心理健康的改善与心理疗法和药物治疗有同等的功效。

科学运动可以降低血压、调整胆固醇、降低心脑血管病的患病概率。资料显示，坚持科学运动可使患冠心病的概率减少 50 %，对预防中风同样有效。

科学运动可以降低糖尿病的患病概率。许多研究表明，坚持运动的人可降低患结肠癌、乳腺癌的概率。

科学运动可以预防骨质疏松，有可能降低阿尔茨海默病的患病概率。科学运动可以提高脑部供血量和供氧量，可提高认知功能、反应速度和记忆速度，有助于老人改善睡眠质量、提高情绪等。

二、科学运动与安全防护

科学运动的目的是增强体质，如果损害了健康，运动就没有意义了。运动方法不科学会造成运动损伤；过度运动会引起运动性疾病，甚至运动性猝死等。因此，要特别强调运动的安全性，运动本身绝不能有害于健康。

科学运动是安全防护的前提，因此要选择对的运动方式。大学生在体力和精力上占有很大的优势，可以选择慢跑、游泳等中强度的运动，运动量要适中，运动后要自我监测。在运动中，安全防护非常重要。运动时，不论是初练者还是专业的运动员，都必须注意运动过程中的安全防护，这是防止出现事故的有效措施。运动过程的安全防护，主要是自我防护和同伴保护。

（一）自我防护

第一，开始运动前的准备工作：选择舒适的服装和运动鞋、合适的运动场地、时间和运动方法。

第二，运动前一定要做好准备活动，完成运动前的热身活动，熟悉各器械的使用方法，以避免运动中受伤。

第三，运动时，根据需要应戴上护具（护腕、护肘、护腰、护膝等），掌握正确的运动姿势和方法。例如，跑步过程中不应用力跺地，这样关节受到磨损的可能性就会增大，故跑步过程中应尽量轻盈。

第四，每天的运动量适可而止，不可长时间超负荷运动，初练者更需要循序渐进。单独运动特别是初次运动者，如果运动时出现困难或危险，首先应保持冷静，不要紧张，然后采取有效的措施自我帮助和自我保护，解除困难或消除险情。

（二）同伴保护

参加体育运动时，最好结伴而练，这样既可以增加乐趣和效果，又可以互相鼓励、互相帮助、互相保护。特别是户外运动，有同伴的陪同和保护，不仅可以保证运动者的安全，而且可以提高运动效果。

三、促进大学生个体健康的科学体育运动计划

医学之父希波克拉底讲过一句话，传诵了两千多年。他说："阳光、空气、水和运动，是生命和健康的源泉。"这句话的意思是说，你要想得到生命和健康，离不开阳光、空气、水和运动。而在奥林匹克运动的故乡古希腊，山上的岩石上刻了这样的字："你想变得健康吗？你就跑步吧。你想变得聪明吗？你就跑步吧。你想变得美丽吗？你就跑步吧。"由此可见，积极的运动对促进身体健康、提高头脑灵活度、塑造形体等方面有着重要的意义。因此，制订科学的运动计划对于促进大学生发展有着重要的作用。

（一）在选择运动项目之前做好评价

1.自身评价

心血管适应力和肌肉耐力好的学生可以从事较长时间的运动，这类学生精力较为旺盛，运动效果较其他学生好。

灵敏性好的学生不妨选择篮球、网球、乒乓球、羽毛球、溜冰，以及田径中的跳高、跨栏等灵敏性要求较高的项目。

协调性好的学生选择面可以更广一些，比如健美操、武术、足球、拉丁舞，或田径运动中的跳远、标枪。

力量与爆发力好的学生可以尝试田径运动中的投掷、跳跃类项目，或举重、摔跤、跆拳道。

如果学生一时无法做出选择，或者身体素质一般，可以选择参加各种运动。在运动中，学生的健康状况和运动技能会逐步提高。另外，在参加运动的同时，学生可以在其中寻找最适合的、最喜欢的体育运动项目。

2.客观条件评价

在选择运动项目之前，除了对自身的体能状况进行评价之外，还要考虑到客观条件的限制。比如，作为一名在校的大学生，要选择高尔夫球作为主要的运动项目就不太现实。另外，在一些条件普通、没有室内游泳池的校园里，如果在秋冬季节想要游泳也比较困难。当然，如果选择的运动项目是足球、篮球这样的大众项目，基本上就不会受到运动场地等条件的限制。

（二）使学生的运动技能迅速提高的方法

1.基本功练习

为了打好基本功，学生可以向老师、同学请教或者经常观摩高水平竞赛。有益的提示和耳濡目染可以让学生少走弯路。在日本励志漫画《灌篮高手》中，里面的主角樱木花道在刚刚加入学校篮球部的时候，是一名彻头彻尾的新手，当其他队员开始在场上练习的时候，他只能在俱乐部经理彩子学长的监督下在场边苦练运球等基本功，然而正是由于扎实的基本功练习才使得他进步神速，在后来的比赛中起到了决定性的作用。

2.良好的身体素质奠定了提高技能的基础

要掌握高超的运动技能，离开了良好的身体素质是难以达成的。好的身体素质定会为运动技能的全面提高推波助澜。好的身体素质实际上指的也就是较强的体能。其实，运动技能的提高和体能的改善是相辅相成的，但是由于许多运动项目对于体能改善的作用总是不那么全面，因此，平时有意识地进行一些基本的体能训练是很有必要的。慢跑、游泳、到健身房里进行力量训练等都能够较为有效地提高身体素质。

3.勤于思考，表象练习

以下内容是几个表象练习的方法：

（1）卧室练习

当学生在学校时，可以让他们回忆一下自己家里的卧室中的陈设，如果站在房间门口，他们所看到的将是怎样的景象？床在什么位置？上面铺着什么颜色的床单？被子有没有叠好？是否整齐地放在床的一端？枕头的颜色是否和床单配套？是否还记得起来那种松软舒适的感觉？枕头边上是不是放着好看的杂志？床边桌子的样子是怎样的？桌子上的台灯是否点亮？是否还记得在这盏台灯下面读书的感觉？

卧室实验练习的目的是引起对过去事物的鲜明的、形象性的视觉回忆，要特别注意各个细节的清晰呈现。

（2）木块练习

想象有一块六个面都涂了红漆的方木块，就像小朋友玩的积木。

首先用刀将其横切，一分为二，想象一下，这个时候有几个红面？几个木面？

然后用刀纵切，二分为四，这时候有几个红面？几个木面？

在右边两块中间纵切一刀，四分为六，这时有几个红面？几个木面？

在左边两块中间纵切一刀，六分为八，这时有几个红面？几个木面？

再在上部四块中间横切一刀，八分为十二，这时有几个红面？几个木面？

再在下部四块中间横切一刀，十二分为十六，这时有几个红面？几个木面？

这种练习的目的是提高对物体形象的操作能力和分析能力。应当注意不要用数学方法推导出答案，而只是凭着表象操作。

（3）冰块练习

让学生假想在一次篮球比赛中，不小心把脚崴了，疼痛难忍。回到宿舍后用冰袋敷在脚踝上，疼痛感逐渐消失。然后将冰袋拿走，脚仍觉得没什么，和刚才一样。过一会儿，脚又慢慢有了感觉，似乎是又开始产生些微的疼痛，隐隐作痛。

这种练习的目的是主动唤起强烈鲜明的身体感觉。

（4）五角星练习

准备一个五角星，五个角的颜色分别为黑、红、蓝、黄、绿。将黑角指向数字1、红角指向数字2、蓝角指向数字3、黄角指向数字4、绿角指向数字5，作为基本位置。

让练习者用1分钟的时间观察并且记住五角星的基本位置。

然后让练习者闭上眼睛并且一一回答下列问题，记录提出问题结束至做出正确回答之间的时间。

①如果黑角指向数字4，蓝角将指向几？

②如果黑角指向数字3，红角将指向几？

③如果黑角指向数字5，黄角将指向几？

④如果黑角指向数字4，绿角将指向几？

⑤如果黄角指向数字2，蓝角将指向几？

⑥如果蓝角指向数字5，黑角将指向几？

通过上述的表象练习，可以更好地把思想和身体感觉紧密联系在一起，这对于运动技能的提高非常有帮助。

4.熟能生巧，巧可催熟

要使某项运动技艺达到驾轻就熟的程度，必须花气力反复练习，同时还需要开动脑筋，仔细思考自己进一步提高的方法。其实总结下来，运动技能提高的要诀就是6个字：模仿、重复、反馈。通过模仿，可以学习最正确的运动技巧；通过不断重复练习，可以形成动作程序的自动化，使得从其他人那里模仿来的技巧真正变成自己的本事；如果能够获得来自自己或者他人积极的反馈，不断肯定自己的进步并且纠正练习过程中的错误的话，运动技巧一定会获得快速的提高。

5.合理利用单挑

在学习运动技能的过程中，要注意避免两点：一是练习时"贪多嚼不烂"；二是迫不及待地想与"高人"过招。这样，一来容易破坏原有技术的熟练定型，二来常会因失败而挫伤自信心。参与网球、篮球等球类运动往往最容易出现这种现象。

在篮球中比较盛行"一对一"的比赛形式，而且像乒乓球、羽毛球、网球等项目本身的主要运动方式就是单挑的形式。因此，在学习运动技能的过程中，单挑不可避免。如果利用得当的话，单挑对于提高运动技巧是非常有效的，其关键就是如何对单挑结果进行归因。要避免的归因方式是胜利了得意扬扬，失败了自信心受挫，要提倡的是一种"胜不骄、败不馁"的单挑归因方式，不断通过单挑找出自己的弱点，正如迈克尔·乔丹曾经说过的那样："把弱点都转化为自己的强项，你就不可战胜了。"体育运动中如此，人生中的其他领域也应当如此。

（三）保障学生体育运动开展中的安全性

体育运动强身健体的同时，还可以带给人们愉快的情感体验。但是，运动有时对人的伤害或许远远大于带给人的益处，所以要谨慎地选择运动方式，安全地进行体育活动。并非所有的运动对所有的人都适合，只有适合自身身体适应能力的体育运动，并且科学、合理地控制运动过程，才可避免"风险运动"造成的伤害。

1.不断增加运动量和强度

体育运动时运动量不同，在人体内发生的变化也不同。例如在中等强度活动时，脉搏频率为每分钟 120~140 次；激烈运动时可达 180 次甚至 200 次。此时对于运动器官和内脏器官的影响是非常大的，可使血压升高，呼吸加快、加深，血液重新分配，代谢作用增强。而要达到一定的强度，需要一定时间的适应过程。运动量的逐渐加大，可以使机体的适应过程逐渐提高，使运动器官和内脏器官的活动很好地协调起来。

另外，人体各器官系统的机能对所进行的运动必须具备必要的适应能力。运动量不可能经过短时间的运动而增加很多，当人体还不具备参加大运动量训练的条件时就去参加剧烈的运动和比赛，那么机体肯定是无法承担的。

因此，在进行体育运动时，活动量和强度也要遵守循序渐进的原则。

2.保持足够的运动时间

对于运动时间的控制，不同体质的学生一定要有所区别。正常体质的学生每次运动时间不必过于限制，而一般体质的学生则应该适当控制。因此，在循序渐进地提高运动强度的情况下，每次运动时间应控制在30分钟到1小时，这样既可以有效地改善心肺功能和心血管系统，还可以提高韧带的弹性和韧性，同时也能更好地促进代谢。如果每次运动时间太短，就达不到运动的效果。

在高校里，有很多所谓的"周末运动者"，他们大多是学习忙碌的大学生，周末才有时间去运动。虽然运动有益身体健康，但是有的同学不能长期坚持运动，只有周末偶尔运动一下，这样反而会损害体内器官。医学家根据调查发现，偶尔运动者吸入的氧多于经常运动者，耗氧增多，组织代谢加快，这会破坏人体正常的新陈代谢，使细胞衰老。而且偶尔运动者在运动时，体内会产生比平时高的肾上腺素等激素，使心率加快、血压升高，从而可能会诱发心脑血管疾病等。另外，偶尔运动还会引起延迟性肌肉酸痛。

因此，学生仅在周末运动不但无法起到强身健体的作用，反而会有害身体健康。

3.科学安排运动量和运动强度

运动强度是指单位时间内的运动量，运动量是运动强度乘以运动时间。运动强度是运动处方的核心，体现出处方的定量化和科学性，而运动量是运动效果和安全性的关键。为了把握好这一核心和关键，现介绍几种简单易行的确定运动强度的方法：

（1）年龄减算法

运动适宜心率=180-年龄。如果年龄在60岁以上或体质较差，则用170

减年龄。此方法适用于一般身体无器质性疾病者。

（2）净增心率计算法

按体质强、中、弱三组分别控制运动强度。运动后心率-安静时心率≤60次/分钟，为强组；运动后心率-安静时心率≤40次/分钟，为中组；运动后心率-安静时心率≤20次/分钟，为弱组。弱组的心率适用于心脏病、高血压、肺气肿等慢性病人。

（3）运动量百分比分级法

$$净增心率 = \frac{运动后心率 - 运动前心率}{运动前心率} \times 100\%$$

运动后净增心率在71％以上者，为大运动强度；运动后净增心率在51％~70％者，为中等运动强度；运动后净增心率在50％以下者，为小运动强度。小运动强度在运动疗法中广泛应用，尤其适用于高血压、冠心病和年老体弱者。

（4）运动最佳心率参照值

国内外科研成果表明，最适宜的运动强度在65％~75％，即心率在130~150次/分钟。随着年龄的增长，身体机能水平会有所下降，因而承受的运动强度也不完全相同。年龄越大，承受的运动强度会越小。

四、实施体育运动计划前的准备工作

（一）训练前检查和循序渐进

无论是不是运动员，在接受训练之前，均须进行身体健康检查。改进体能及增进健康的计划应包括体力活动、戒除陋习、培养健康生活习惯等。

一个良好的体能训练计划除坚守各项基本训练原则（包括心肺耐力、柔韧性、肌肉力量及耐力、身体成分）外，更要尽量避免身体因训练而产生的伤病。

训练计划应具有娱乐性，不受环境及设备的局限，而且容易进行。

训练初期，应先接受心肺耐力的训练，再渐次发展其他范畴。

在编排训练计划时，应考虑参加者可以付出的时间。

初次接受训练者及非运动员应先接受 4~6 星期的轻度训练，再循序渐进，逐渐增加负荷。

（二）准备活动与整理活动

每次的运动应该包括以下三个部分：一是 5~10 分钟的热身运动；二是 30 分钟以上的连续性肌群运动，运动强度应使受训者达到心跳指标；三是 5~10 分钟的整理活动。

做热身运动的时间越短，遭受运动伤害的概率就越大。充分的准备活动能够使运动者体会更多的运动乐趣：第一，增强神经系统的兴奋性，增强内分泌，使生理功能迅速达到最适宜的程度。第二，增强氧运输系统的活动，使心肺功能更好地动员起来，克服自主神经系统的惰性。第三，使体温升高，带来一系列有利于运动的生理变化，如提高酶活性、提高血红蛋白氧释放能力等。第四，使肌肉温度升高，降低肌肉黏滞性、增强弹性，提高肌肉收缩效率，还可提高关节的延展性，有效地预防运动损伤。

运动后的整理活动更应引起足够的重视。应该通过递减运动强度的方式逐渐结束运动，突然停顿下来极易使血液无法回流到心脏，使血压降低，导致头晕、恶心，甚至昏迷。放松整理的目的与热身运动恰恰相反。运动后应该用 3~5 分钟做一些整理活动，这样做可以减少肌肉的延迟性酸痛，有助于消除疲劳；使肌肉的血流量增加，加速乳酸的利用；预防剧烈活动骤然停止可能引起的机体功能失调。

（三）运动计划的制订过程

一个完整而且科学的运动计划分为以下两个部分：

1.自我评估

一般运动者会通过运动对自身的效果进行评估，根据自身的健康状态做出相应的计划调整，以便提升健康水平。自我检查可以从"主观感觉"和"客观检查"两方面进行。

2.客观评估

自我感觉不一定都正确，别人的评价有时候更客观。

虚心请教体育老师，请他们指出不足。

多与同伴交流，多观察同伴的技术动作，这样便于发现自身存在的问题，也能发现别人的问题，帮忙指出其不足之处，并引以为戒。

在评估运动效果时，我们会发现这样一个有趣的现象：大多数学生总喜欢与别人比较。就运动效果而言，对照自身运动前、运动后身体适应力提高的幅度比盲目与他人攀比更为科学。事实上，通过自我评估，看到自身的进步并获得满足感才是最重要的。

（四）运动场所的选择

一般来讲，人们选择运动的场所有两种，一种是户外场所，另一种是室内场所。选对运动场所不仅能提高运动效果，还能预防发生意外。

1.户外运动场所的选择

可供选择的运动场所很多，只要是阳光充足、空气流通的地方或者空旷宽敞、污染较轻、绿化较好的地方均可作为运动场所。也可以根据运动项目的需要，选择室外免费或收费的运动场所进行运动。

2.室内运动场所的选择

室内运动场所可分为家庭运动房和室内收费运动房，可以根据运动的需要及个人经济能力进行选择。随着经济的发展和住房条件的改善，许多家庭有了运动房，购买了运动设备，这是健康生活的巨大进步。但运动房要具备一定的面积，要选择空气流通及有相应消毒措施的地方。

第四节 大学生体育运动促进健康的基本常识

一、体育运动的时间选择

很久以来，人们一直在为最佳的运动时间争论不休，直到现在，经过世界各国不同学者的反复论证，对于一天之中究竟在哪个时间段内运动可以取得最佳的运动效果也没有得出具体的科学定论。由于每个人的体质不同，可以进行运动的时间也不同，更多时候运动者还是要依据自身的习惯和时间来进行运动。其实，在不同的时间段进行运动都有需要注意的问题。

（一）早晨运动

我国参与运动的群体，大部分会选择在早晨进行运动，大学生们也是。主要是因为人体经过一个晚上的充分休息，早晨的精力较为充沛，且早晨的空气也比较清新，相对来说比较适合进行体育运动。

晨练需要注意的是：一般晨练都是空腹进行，因此不适合进行强度较高的运动，容易造成低血糖。早晨更适合健身走、太极拳之类的有氧项目。

（二）上午运动

选择在上午进行运动的大学生，为了更好地让运动促进健康，在进行运动时不可以安排活动量过大的运动项目。为了避免影响食欲，最好不要在饭前、饭后一小时之内安排运动，否则会影响人体肠胃系统的消化、吸收功能。

（三）下午运动

安排在下午进行运动的大学生，一定要考虑空气污染的问题。一般下午是空气质量最差的时间段。如果只能在下午进行运动，一定要选择在绿化环境相对较好的场所内进行运动。运动结束后不适合立刻进餐。

（四）傍晚运动

选择傍晚运动的大学生，在运动结束后，应隔一个小时以上再上床休息，这样更有利于睡眠和达到良好的健身效果。如果运动后立即上床休息，机体仍然处于兴奋的状态，会影响睡眠质量。

二、体育运动的环境卫生

身体的健康状态和人们生活中的很多因素紧密相关（生活环境、生活习惯、先天的健康状况以及后天的运动），因此，运动者要清楚地了解自身体质的状态，选择适合的运动项目进行有效的运动。运动时先要清楚运动环境会给运动带来的利弊影响，这对于运动效果有积极的促进作用。

（一）空气

1.空气对人体健康的影响

空气对于人类生存的重要意义不容置辩，它是人类赖以生存、必不可少的环境因素之一，对人体的新陈代谢、热代谢和气体交换有着尤为重要的作用。空气质量的好坏直接影响人体健康水平的高低，人体通过自身的呼吸系统与外界进行气体交换，若空气中的含氧量低于10%，中枢神经系统功能就会减弱，人体会出现恶心呕吐的现象；若含氧量低至8%，人体就已经进入危险的状态，会出现体温下降、昏迷、窒息的现象，甚至会导致死亡。

新鲜的空气可以让人精神振奋，减轻疲劳，改善睡眠，加速基础代谢，同时提高工作效率和学习效率。如果空气中含有较多的有害气体，不仅会影响空气的含氧量，而且空气中夹带的细菌一旦进入体内，还容易引起呼吸道疾病。为了防止灰尘进入内脏器官，在运动中应养成用鼻子呼吸的习惯，鼻腔所分泌的黏液可以有效地阻止空气中的灰尘、细菌进入体内。

2.空气中的主要有害成分

生活中无数的有害物质每天源源不断地散播到大气中污染着空气。大气中的有害物质主要有以下几种：

（1）二氧化碳。二氧化碳是煤炭燃烧的副产物之一，当空气中二氧化碳含量增多时，就会有呛嗓子的气味。

（2）氧化氮。氧化氮是氧和氮在燃烧过程中产生的有毒物质，正常情况下马力较大的汽车排出的这种有毒气体最多。

（3）$PM_{2.5}$。又称为霾、细颗粒物、细粒、细颗粒。它是一种直径小于或等于 2.5 微米的颗粒悬浮物，能长时间悬浮在空中。它在空气中浓度越大，污染程度越强，对人体的伤害就越大。如果随呼吸进入肺泡，会严重影响肺部的通气功能，甚至会引发多种疾病。

3.空气污染对人体健康的害处

综合来讲，大气污染给人体带来的伤害可以分为三个部分：

（1）急性危害。受气候条件限制，空气中的污染物不能及时转移和扩散，或工厂内一次性排放出大量的有毒物质，使人们在短时间内吸入大量的有毒气体，就会引发急性中毒。

（2）慢性危害。人们生活的区域长期有有毒物质排放的话，空气中的有毒物质会侵入呼吸系统，使其防御功能受到损害，人体很容易患感冒、肺炎、支气管炎等疾病。空气中的烟尘颗粒也会给人体的呼吸系统带来慢性危害。

（3）致癌作用。大气中存在三十多种致癌物质，大多来自灰尘、煤烟和汽车尾气等，城市居民长期生活在这样的大气环境中，患呼吸道感染疾病的概率会大大增加。

（二）气温

人类是恒温动物，保持身体恒定的温度对于体内的新陈代谢有很大的促进作用。人体在不同的气温下，会调整体内新陈代谢力度和散热方式，以适应不同的温度变化来保持身体恒温。

当气温处在 21℃左右时，身体的生理机能处在最佳状态，相应的机体的工作能力也最强。

当气温超过 35℃时，人体稍微活动，就会大量出汗，体内含水量会迅速减少，导致体内环境改变，出现缺水现象，同时身体机能下降，严重者出现痉挛、中暑等症状。若遇到类似状况，应立即停止运动，迅速补充体内水分，并在阴凉处做紧急处理。

在寒冷的环境中进行运动时，一定要选择轻薄、防寒、保暖的运动服装。运动前要做好热身准备，防止出现运动损伤。

（三）太阳光线

在夏季进行运动时，为了避免强烈的阳光晒伤皮肤、导致中暑，在进行运动前应做足防晒避暑工作。阳光中含有紫外线和红外线两种成分。

光中的紫外线成分，是一种消毒杀菌作用很强的光线，并且带有强大的化学刺激作用。紫外线照射皮肤后，能使皮肤里的 7-脱氢胆固醇转变成维生素 D，提高抗病能力，刺激造血功能，在一定程度上可以预防贫血。

红外线则是产生热作用的射线，主要对人体起温热作用。红外线照射皮肤后，深入肌肉组织，可以加快血液循环、增强体内物质的代谢能力，还可以兴奋神经，让人精神振奋。

三、体育运动的生活卫生

（一）睡眠与健康

良好的睡眠是消除疲劳、保持身体健康的生理功能之一，是脑部以及身体其他器官最好的放松方式。人们处在睡眠状态时，人体与周围环境暂时脱离关系，整个机体都处在调整和恢复的状态之中。

（二）戒除不良嗜好

1.戒烟

世界上多个国家的科学家经过大量科学实验和社会调查证明，吸烟对人体健康的危害很大，香烟中的尼古丁、焦油、亚硝酸甚至毒性特别大的放射性物质钋210等，都是香烟烟雾中极活跃的有毒物质。吸烟不仅会诱发多种疾病，甚至会危害生命。对于不抽烟的人，长期被动吸收二手烟，也会受到不同程度的危害。

2.饮酒切忌过量

白酒中的主要成分是酒精，又称作乙醇，是有毒物质，如果短时间内大量摄入，会破坏体内的红、白细胞，损害人体健康。酒精对心脏的伤害最大，长期大量饮酒，会使心脏因失去应有的弹性而增大。另外，酒精会使血液中的脂肪沉淀在血管壁上，发生血液粥样化，使血管变窄，血压升高，增加对心脏的二次伤害。

（三）劳逸结合

大脑在长时间进行紧张的思考学习以及经常熬夜时容易出现疲劳的现象，不仅视力会受到影响，学习效率也会下降。这时最好的方式就是进行调整和休息，保证每天一小时的运动，劳逸结合，合理安排学习和运动的时间，提高大脑的反应能力，这对于保护视力也有积极的作用。大学生如果睡眠和运动不足，大脑容易疲劳，这会降低大脑功能，引发神经衰弱、偏头痛等。

（四）运动服装与卫生

户外运动时，合适的装备会使运动的效果事半功倍。现在不同的运动项目都有专用的衣服、鞋、袜。夏季进行运动时一定要尽量选择浅色、薄款，并且透气性、吸湿性良好的运动服；冬季进行户外运动时，在不影响运动的前提下，还要注意服装的保暖性。

1.运动鞋

首先要根据自身所选择的运动项目选择相应的运动鞋，现在不同的运动项目都配有专业的运动鞋，但需要注意的是：在选择运动鞋时一定要试穿（现在很多人都选择网购），大小一定要合适，不合脚的鞋子会给运动带来不利的影响。另外要注意鞋子的透气性和轻便性。运动前除了选择合适的运动鞋，还要注意选择专业的运动袜来配合，相对于普通袜子，运动袜更厚，材质易吸收汗液，并可减少脚部摩擦，防止受伤。

2.运动衣

为了在运动过程中没有被束缚的感觉和避免皮肤擦伤，运动服一般都设计得比较宽松，且透气性良好，有利于排泄人体代谢物。选择紧身的运动服在运动过程中会对人体的肢体和关节有一定程度的束缚，这在很大程度上会影响运动中各种动作的完成。

四、体育运动的常见误区

现代社会中运动项目繁多，很多人受不正确的运动观念的误导，认为游泳、跑步才是有氧运动，球类运动和力量练习属于无氧运动。其实无氧运动和有氧运动不是以运动项目来区别的，而是以运动的强度和人体机能能量的代谢方式来区别的。

在运动的过程中，当运动强度较小时，人体机能的供能方式主要是有氧代谢，这时所进行的运动为有氧运动；当运动强度较大时，机体的供能方式转换成了无氧代谢，这时的运动则为无氧运动。所以，不能单纯地将具体运动项目归纳成有氧运动或无氧运动，而是要在运动时注重调节运动的强度和保持运动的科学性、合理性。

第四章 高校体育运动与大学生心理健康促进

第一节 大学生心理健康概述

一、大学生的心理特征

大学生从青春期一路走向相对平静、相对成熟的发展时期，这时的他们往往会面临一系列新的任务，如学习深造、就业、创业等，这就需要个体具备适应这些新任务的心理品质。大学生开始学习成为一个承担社会责任、真正意义上的社会人。

（一）智力水平达到顶峰

大学生的智力发展通常比较好，不存在智力低的问题。吴福元用韦克斯勒成人智力量表对大学生进行了一项智力调查，结果发现大学生的平均智商为116.08，属于中上智力或高智力水平。在青年期，神经系统、感知觉系统发育完善，知觉速度、机械记忆、识别图形的智力项目随着生理系统的完善达到顶峰。大学生思维敏捷，接受能力强，喜欢新鲜事物。大学生在校园内通过专业训练和系统学习，抽象逻辑思维和分析问题的能力都得到发展。

关于青年期的思维发展，美国的学者帕瑞认为，进入青年期后，个体思维中逻辑的绝对成分逐渐减少，辩证成分增多，抽象思维得到迅速发展。大学生会逐渐意识到对同一个问题存在多种观点和多种解决方法。在抽象思维丰富的情况下，大学生能够对身边发生的事情和获取的经验进行概括和总结，超越了早期停留在具体人和事情的思维阶段。但是不能否认的是，大学生的阅历尚浅，容易受到不正确思想的影响，看待问题也难免会带有强烈的主观色彩，心理还需进一步调适和发展。

（二）自我意识的发展

自我意识是人对自身及自身与周围世界关系的认识。青少年时期是自我意识发展最快的时期，此时开始将自己的注意力集中到发现自我、关心自我的存在上来，这是青年期自我意识发展的最主要特色。大学生初期形成的自我概念还很不稳定，随着经历的丰富，需要对自我意识不断修正。大学生对自己的了解处于一种摸索的阶段，更应该提醒自己要辩证地看待问题，用客观的标准去衡量事物，在遇到挫折时要学会激励自己，常常鼓励自己才能形成较好的自我认同。

（三）情感丰富，情绪强烈而欠缺稳定

大学生自我情感体验方面十分丰富，注重独立、个性、自尊和自信。交往范围日益扩大，与同学、朋友及师长之间交往变得频繁，对异性的好感与追求是大学生对亲密感需求的表现。这也使得大学生的情绪表现更细腻、更复杂。大学生活动范围扩大，自我意识增强，特别是在当今社会变化日新月异的形势下，大学生强调自我与社会融合，兼顾国家、集体利益的同时非常注重自我。

大学生的情感是丰富多彩的，有着特殊的结构，如物质情感、文化情感及娱乐性情感等。但由于大学生的情绪活动具有不稳定性，情绪活动往往强烈而不能持久。大学生在情感上容易引起共鸣，情绪活动随着认知标准的改变而改变，情绪变化快是大学生常见的情绪表现。

（四）性意识的发展

大学生性生理发育成熟必然带来性意识的觉醒。性意识的发展让大学生对性问题本身产生好奇和敏感，对异性产生垂青与爱慕，并且期待进入恋爱择偶的尝试期，因此大学时期是产生性问题以及恋爱问题的高峰期。对性知识的缺乏可能引起性心理的困扰以及性卫生问题。两性之间交往的技巧与经验不足，在遇到失恋、单恋等恋爱问题的时候很容易让大学生束手无策。因此，大学生应该正视性的问题，掌握正确的性知识，主动与异性交往，建立正常的两性关系。与异性友好交往是帮助解决大学生性问题的良好途径。

（五）社会化需求

大学生社会化过程中的重要时期是大学阶段，在校园里的生活虽然与社会有一定差别，但渴望加入社会的热情却丝毫没有受到干扰。大学生关注社会，评判社会现象，并乐意参与进去，渴望成熟，追求稳定的价值观和道德感以增强对社会的适应能力，倾向于以一个成人的姿态去迎接新生活的挑战。大学生充满理想和斗志，渴望成功，期望成才，是为今后事业发展做前期的准备。但由于经验不足和抽象思维仍有一定片面性，大学生容易遭受挫折和体验失败感，出现理想与现实差异之间的矛盾。若归因不良，会产生自我认知的偏差，出现自卑、自怜等现象。高校应该鼓励大学生多接触社会，参加社团活动，拓宽自己的视野，增强操作能力。

二、大学生心理健康

人们的心理是指建立在人脑机能上的对客观世界的反映。换句话说，也就是客观世界作用在我们的感官，引起神经系统活动，继而产生了感觉、知觉、记忆、思维、情感、意志等一系列的心理活动。心理活动相对而言是较为主观性的，早期的心理问题，如情绪问题等，只有个人能够感知。但是早期的心理干预是预防心理、精神疾病的最佳方式。因此界定心理健康情况对人自身有着重要的意义，可以帮助我们了解自身的状况，解决心理问题。但是心理活动却不能用简单的工具或者具体的数值来等价，因为它深受个人的影响。

不同文化背景的人、不同经历的人、不同性格的人，对同一事物产生的看法是不一致的。比如同样是秋季，有人认为是萧瑟的季节，让人伤感；而有人则认为是金色的收获季节，让人喜悦。有人认为心理健康是一种心理无病的状态，但这却难免忽略了一部分虽无症状但却能带来大量痛苦以及影响社会生活的心理问题。

心理健康是一种状态，首先它是稳定的、能够保持的，并不是一种疾风骤雨的状态。从纵向上看，应该与自身的内在规律和内在稳定性，也就是说过去的我、现在的我以及将来的我保持必然的联系，突然的、不符合规律的变化预示着心理健康水平的异常；从横向上看，心理也是不断变化的，应该能够一直与外界相适应。表现在与外界环境的相互协调性上，一个人的言行总是能够符合实地的情境。另外，还应该与心理活动的内部相协调，一个人的认知活动、情感活动和意志活动应该是一致的，如果内心表现喜悦，而脸部表情痛苦，这就是心理异常的表现。综上所述，我们大体上有了关于心理健康的概念，然而运用在个体之上，从哪些角度能够说明个体可以适应环境并与之相协调，又如何能够说明个体内在的调整是合理、适度的。在实际操作中，需要有类似检查躯体疾病一样的检测方法和评估标准可以对心理情况进行检测。

大学生心理健康近年来已经成为人们关注的热点问题，一个个花季生命的陨落不断地提醒着大家应该重视学生的心理健康问题。

第二节 大学生心理健康问题的主要表现及原因分析

心理健康是一个十分复杂的综合概念，它涉及医学现象、心理现象和社会现象等。不同学科的学者对心理健康有不同的理解。有心理学家认为心理健康是一个人情绪上的安宁或他的个人适应和社会适应。根据联合国世界卫生组织的定义，心理健康不仅指没有心理疾病或变态，个体社会生活适应良好，还指人格的完善和心理潜能的充分发挥，也指在一定的客观条件下将个人心境发挥到最佳状态。高校学生心理健康的内容主要包括心理健康、自我意识、学习心理、个性心理、人际交往心理、恋爱与性心理、择业心理等，随着社会的发展，又融入了心理咨询与心理治疗方面的内容。

高校学生的心理健康问题及针对这些问题的教育方法的研究，已经引起了全国高校的广泛关注。在我国，针对高校学生的心理健康教育起步较晚，经历了一个由认知到重视，再到加强的过程。自20世纪90年代起，我国开始重视高校学生的心理健康教育工作，许多学者围绕这一课题开展了研究，提出了许多实施方法，教育工作者也进行了许多有益的尝试。

高校学生在不同情境、不同发展阶段会出现不同的心理健康问题。不同地区、不同高校对学生心理健康状况的调查表明，高校学生的心理健康问题主要包括三个方面：心理困惑、心理障碍和心理疾病。心理困惑是轻微的心理问题，并不影响学生的健康发展，但心理困惑如果得不到及时调节，就会发展成比较严重的心理障碍；心理障碍如果得不到及时克服，就会发展为心理疾病；心理疾病会严重影响人的健康，影响人的全面发展。

一、大学生心理健康问题的主要表现

（一）大学生心理困惑的主要表现

1.缺失目标

学生进入高校前有十分明确的目标，这个目标就是高考。学生的一切活动服从于这个目标，所以他们常常披星戴月、废寝忘食地备考。但进入高校后，很多学生认为自己不需要再努力学习，不需要有压力，不需要有目标。

2.难以适应新的学习方式

高校的学习方式和中学有很大不同。不少学生习惯了中学那种处处离不开教师指导的学习方式，难以适应高校里以主动式、探索式为特点的学习方式。

3.自我评价失当

有些学生进入高校后，发现很多同学多才多艺，自己相形见绌，原来的优越感化为泡影，自尊心受到打击。学生如果不善于辩证思考和正确对待这些问题，就会产生消极的情绪，不利于自身的正常发展。

4.存在恋爱心理困惑

高校的环境相对自由和开放，学生在这个阶段生理已经基本发育成熟，与异性交流的意愿也比较强烈，多数学生希望在学校里找到心仪的对象。但一些学生在思想上缺乏必要的准备，没有形成客观的择偶标准，缺乏解决恋爱问题的能力，当遇到挫折时，不知如何处理，容易产生压力与困惑。

（二）大学生心理障碍的主要表现

心理障碍是指由个人及外界因素造成心理状态的某一个方面发展得超前、停滞、延迟或偏离。它是影响个体正常行为和活动效能的心理因素。

1.人际关系敏感

人际关系敏感主要指在人际交往中的不自在感和自卑感。部分学生存在人际交往方面的心理障碍，主要有以下表现：

第一，缺乏主动性，在正式场合和人多的情境中紧张不安，害怕被人注视，但又不甘心被人冷落。

第二，过于在乎别人的态度，怕别人不理睬自己，担心被别人耻笑和拒绝。

第三，做事追求完美，有绝对把握才敢尝试。

第四，在与他人交往过程中，经常发生摩擦、冲突和情感损伤。

2.麻木或冷漠

麻木或冷漠是一种综合的心理障碍。它表现在以下几方面：

第一，缺乏积极的认识动机，活动意向减退，情感冷漠，情绪低落，意志衰退，思想停滞。学生一旦产生这种心理障碍，就会缺乏进取精神，甚至随波逐流，产生混日子、混文凭等错误思想。

第二，当感觉自己无力战胜困难和挫折时，就会失去信心和勇气，表现出漠不关心的态度。这主要表现为对学习不关心，不在乎成绩好坏；对某一门功课缺乏兴趣，不去听课；沉迷于网络游戏。

第三，一遇到困难和挫折就退缩不前。

3.情绪失控

有的学生在受到委屈或遇到挫折后会产生愤怒的情绪，甚至情绪失控，做出种种攻击性行为。情绪失控表现为怒目而视、破口大骂、讽刺挖苦等。有的学生会寻找出气筒，以发泄愤怒的情绪。这种情绪失控甚至会导致部分学生违法，严重影响学校正常的教学秩序。

4.环境改变与心理适应障碍

大部分新入学的学生面对的是陌生的城市、校园和集体，还有很多学生是第一次离家远行，这些情况都可能给学生带来不同程度的环境适应问题，主要表现为食欲不振、失眠、神经衰弱、烦躁不安、严重焦虑等。还有的学生不适应高校的学习方法，感到学习压力大，对学习失去信心，产生强烈的自卑心理，其中一部分学生还产生了一种对现实的失落感。

5.人格障碍与人格缺陷

人格是一个人在与环境相互作用过程中所表现出来的独立的行为模式、思维方式和情绪反应特征。

在大学生中，常见的人格障碍主要有偏执型人格障碍、强迫型人格障碍和反社会型人格障碍。以偏执型人格障碍为例，其主要表现是对挫折过于敏感、过分夸大自己的重要性、固执、猜疑、嫉妒、心胸狭窄、不接受批评等。人格障碍一般始于童年或青少年时期，并持续到成年时期，这些不良因素会严重影响学生的学习、人际关系和自我完善。

人格缺陷是介于正常人格与人格障碍之间的一种人格状态，也可以说是一种发展中的不良倾向。常见的人格缺陷有自卑、抑郁、孤僻、敏感、多疑、焦虑、对人有敌意或暴躁冲动等，显然，这会严重阻碍学生的正常发展。

二、大学生心理健康问题产生的原因

大学生心理健康问题的出现与社会、学校、家庭、个人等诸多方面的因素有关，归纳起来主要有以下几个方面：

（一）环境变迁

对刚进入大学的学生来讲，他们所面对的是一个非常新奇又非常陌生的环境，这种环境的变迁会给学生带来一些困难。首先，学习环境的变化会增加他们适应新环境的困难；其次，生活环境上的变化也很大，这种变化需要他们独立应对一切生活琐事；最后，地位变化带来很大的影响，进入高校以后，各方面的人才聚集在一起，势必使一些学生失去原来的拔尖地位，这种地位的变化越强烈，他们适应起来就越困难。

（二）人际关系失调

如果学生善于与周围的人保持良好的关系，维持一种融洽的感情交流，就能很快适应新的环境，得到归属感和安全感，这种交往有助于学生的身心健康。但是由于高校学生通常来自不同的地域、不同的家庭，他们的思想观念、价值标准，以及生活方式、生活习惯等都存在明显差异，而且很多学生是独生子女，在与他人交往中喜欢以"我"为中心，对丰富多彩的集体生活和多种多样的人际关系难以适应。

（三）情感受挫

高校校园爱情常被人们向往和羡慕，因为它真诚、单纯、美好。但是由于一部分学生在处理感情问题上还不成熟，往往在两人关系和未来发展问题上陷入困境，而又难以自我调适。轻者会陷入情感的旋涡难以自拔，茶饭不思；重者则会痛苦不堪，甚至导致严重后果。

（四）学习压力过大

为了适应社会日趋激烈的竞争，在将来的择业中胜人一筹，部分学生在完成课堂上所规定的各种学业要求之外，又在课外拼命地自学，考各种证书，希望自己的素质和竞争力得到最大程度的提升。升学读研、出国、工作等方面的问题会给学生造成很大的学习压力。

（五）自身缺陷

少数学生在容貌、身材等方面存在某些先天的生理缺陷，或在自身个性方面存在某些缺陷，如孤僻封闭、急躁冲动、固执多疑等。这些缺陷很容易使他们产生自卑心理，形成敏感、多疑的性格，甚至导致心理问题的产生。

（六）家庭因素

部分家长把自己的希望寄托在孩子的身上，这种超负荷的希望往往使许多学生背上沉重的心理压力。一些学生家庭困难，需要社会或学校提供资助，这使他们在学习上不敢有丝毫的放松，认为只有取得优异的成绩才能回报社会和学校的关爱。同时，他们在言行、穿着打扮方面也会格外小心谨慎，生怕被周围同学议论。长此以往，有这种境遇的学生会感到苦闷、孤独、自卑、迷惘，内心充满压抑。

（七）学校及社会观念因素

目前，国内各高校及社会各界对心理问题方面的认知教育和宣传还不到位，心理救治体系尚不完善，学生的心理问题得不到及时有效的解决。学生即使意识到自己心理出现问题，也不敢或不愿意去心理辅导中心寻求帮助，往往通过压制的方式"解决"自己的心理问题，这样只能使心理问题越来越严重。

第三节 高校体育运动对大学生心理健康的促进

一、高校体育运动和大学生心理健康互动研究的理论依据

（一）以全面发展的教育方针为依据

高校体育运动和心理健康教育是全面发展教育的重要组成部分，它们与整个高等教育构成一个互相联系、互相贯通的大体系。德、智、体、美、劳是全面发展的主要内容。高校体育运动在教育目标、教育功能上和心理健康教育有某些交叉和重叠之处，良好的心理素质有助于学生学习和掌握体育运动技能。因此，开展大学生心理健康教育可以为高校体育工作的实施与发展打下良好的心理基础，同时体育教学效果的提高又能有效促进大学生心理健康教育工作的开展。

（二）以大学生身心发展规律为依据

遵循大学生身心发展规律，是高校体育运动和大学生心理健康教育能够实现互动的基本前提。大学生的心理发展依赖于其身体各方面的发展，生理上的发展为他们的心理发展奠定了基础。大学生的生理已经基本趋于成熟，但心理发展尚未完全成熟、稳定，许多心理素质还在建构之中。因此，大学生在成长过程中会遇到这样或那样的困扰和矛盾，会形成各种各样的心理问题，并且这些问题往往是发展性的，是成长中不可避免的矛盾，是一个从量变到质变的过程。

（三）以社会对人才的需求为依据

培养高素质人才是时代和社会对高校教育提出的根本任务，具备良好的心理素质是现代社会对人才的基本要求。随着科学技术的迅猛发展以及知识经济时代的来临，社会对人才的素质要求更高，如社会对大学生的进取意识、自主意识、社会适应能力、创新能力等提出了更高的要求，这些素质大部分都属于心理素质。心理健康的大学生，能拥有良好的智力条件、顽强的意志品质和稳定的情感，能正确对待暂时的失败和挫折，排除各种干扰，有效地投入学习，并促进自我全面发展，从而成为社会所需的人才。

二、高校体育运动和大学生心理健康互动模式的基本建构

充分挖掘高校体育教育资源，深入开展大学生心理健康教育，既需要有关部门的统筹规划、组织协调，又需要各部门、各方面明确分工，密切配合；既需要相关专业教师相互交流与沟通，优势互补，又需要多方面的配合和支持，以形成合力。建构科学、系统的互动模式是促进高校体育运动和大学生心理健康教育有效互动的基础和保障。目前，要想促进高校体育运动与大学生心理健康教育的有效互动，就应着力构建以下三大系统：

（一）立体化的组织领导体系

高校体育运动和大学生心理健康教育要实现有效互动，就必须建立一个立体化、多元化的工作管理体系，加强领导，从不同层面、角度、渠道开展工作。具体来说，高校可成立大学生心理健康教育领导小组，实行党政统一领导，由主管校领导担任组长，成员由学生工作处、团委、教务处、宣传部、后勤集团和各院系等有关方面负责人组成，领导小组负责指导和协调全校心理健康教育工作。

（二）高素质的师资队伍体系

高校体育与大学生心理健康教育能否实现有效互动，很大程度上取决于从事体育教育和心理健康教育的教师队伍的心理素质和业务素质，但目前心理健康教育和高校体育师资队伍的专业素质还不能完全适应高等教育飞速发展的客观形势，不能满足广大学生日益增长的心理健康需要。为此，必须从提高教育者自身的心理素质和业务素质两方面来加强心理健康教育和高校体育师资队伍体系的建设。

提高教育者自身的心理素质，主要有两条途径：第一，通过教育者自身的努力学习，不断提高其思想道德水平和心理健康水平；第二，在心理健康教育中心的协调组织下，强化心理健康教育专（兼）职教师和体育教师间的交流与互动，通过教育者之间的优势互补，共同提高心理素质。

在提高教育者的业务素质方面，主要采取以下三种办法：第一，定期培训与考核；第二，加强教研活动；第三，合理配置师资力量。

（三）高效益的互动运作体系

1.大学生心理健康状况信息的收集与反馈

第一，制定科学的大学生心理健康普查方案，积极开展心理健康普查工作。新生一入学，即全面开展心理健康普查工作，为每一位大学生建立心理健康档案，对普查中发现的各种心理问题，要加强跟踪、指导，提高心理咨询和干预治疗的及时性、有效性。

第二，加强对大学生心理健康状况信息的收集。除了通过心理普查收集大学生的心理健康信息，任课教师和管理人员还应在平时的教学和管理工作中及时发现学生出现的心理健康问题或集体性的心理变化趋势，并及时将信息传递给心理健康教育中心，由专人对信息进行归类、分析、整理和存档。

第三，建立顺畅、有序、严格的心理健康信息反馈机制。心理障碍问题涉及大学生的隐私，因此，在反馈心理健康信息时还应做到传递有序、范围适度。具体来说，共性的心理健康状况信息应及时传递给教育者和管理者，个别严重心理障碍者的信息应反馈给心理咨询中心、治疗中心和直接管理人员。

2.高校体育运动与心理健康教育互动的渠道选择

第一，重视高校体育教学与心理健康课堂教学的主渠道、主阵地作用。教师在深化体育教学内容改革、丰富心理健康教学内容的基础上，通过课堂教学普及心理健康知识，传授心理调适方法，使大学生了解并体会心理问题产生和发展的过程，帮助大学生消除心理障碍，提高其心理健康水平，从根本上预防心理问题的发生。

第二，充分发挥课外体育、运动竞赛和非心理健康教育课堂的作用。根据大学生在不同发展阶段普遍存在的心理问题，应适时举办群体性活动，组织多形式的讲座和报告，帮助学生解答疑惑，如将新生心理健康教育的重点放在尽快适应新环境上，帮助其完成从中学到大学的心理转变等；对于二、三年级的学生，应主要帮助他们解决专业和人格发展等方面的困惑；对毕业生来说，心理健康教育的重点应放在就业心理调适和职业生涯规划上。

第三，营造文明、健康的校园体育文化氛围。校园体育文化是学校特有的一种文化现象，健康、积极、向上的校园体育文化氛围会潜移默化地优化学生的心理品质，促进体育活动的开展。高校要利用校园广播、互联网、校报、橱窗等宣传媒体，宣传体育知识，普及心理健康知识。

第四，积极扶持大学生群体社团。以大学生喜爱的运动项目为载体，开展丰富多彩的文化体育活动和心理健康教育活动，使大学生的心理健康教育和高校体育不再囿于传统模式。

三、高校体育运动对大学生心理健康的促进作用

（一）改善情绪和提高自信

运动不仅是传授知识、技术和技能的过程，更是一种情感成功的快乐体验。体育运动可以提高自我意识，帮助学生培养情感；体育运动能带来流畅的情感体验，培养学生积极、乐观的精神，所有这些都有助于提高学生对体育运动的信心和兴趣。体育运动还能帮助学生释放各种原因引起的紧张、悲伤、焦虑、抑郁等消极情绪，使其消除心理压力，放松身心，并保持良好的心理状态。

（二）促进智力发展，提高心理素质

体育运动的过程可以促进人体器官间的能量流动，不仅能增加大脑的供氧和血供，还能促进人体功能的发展。大学生经常参加体育运动可以放松思想，促进身体各器官之间输送血液、氧，从而促进大学生身心健康的发展。各种现象和调查表明，适度的体育运动可以缓解和改善人的消极情绪，使人体功能得到更好的发展。充分的体育运动可以矫正大学生在学习或工作中长期固定的姿势，为其学习和工作带来源源不断的动力，因此，适量的体育运动可以提高人的心理素质。

（三）协调人际关系

体育是不分年龄的全民运动。在大学里，学生可以通过一起参加体育活动建立深厚的友谊，还可以通过体育运动来培养信心和安全感。在体育教学中，团队项目往往是一起完成的，这不仅能提高大学生的团队合作能力，也有助于提高他们的人际交往能力。因此，必须鼓励学生参与适度的体育运动，使他们能够具有协调良好人际关系的能力。

（四）培养良好的自我概念

自我概念是对一个人的整个身心和情感的主观评价。在体育运动中，大学生要相应地调整自己的身体动作和情绪。在长期的体育运动中，大学生的思维能力和活动能力会有明显的提高，自我意识也会更加清晰、具体。通过体育运动，大学生可以清楚地知道自己喜欢什么，擅长什么，关注什么，等等。一个好的自我概念会让人更好地了解自己，然后为自己设定计划和目标。

（五）使学生更加专注

在体育运动中，人们专注于一个特定的目标，这样他们就可以施加心理和生理的压力来实现这个目标。体育运动可以提高学生的心理韧性和注意力。因此，应该鼓励大学生参加体育运动，这不仅能够提高他们的身体素质，也能极大地促进他们的心理健康。

四、高校体育运动在大学生心理健康教育中的应用策略

（一）设有心理适应辅助教室

运动在释放压力方面起着重要的作用，为了帮助学生缓解心理压力和解决心理问题，可以在体育中心设立心理咨询室。体育运动可以帮助大学生缓解压力，心理咨询可以帮助辅导员了解学生真实的内心想法，理清学生的心理问题，帮助学生敞开心扉，解决自己的心理问题。根据学生心理问题的程度，采取适当的运动方法，通过运动保持学生良好的心理水平。

（二）发展多种形式的体育运动

大学生体育运动有多种形式，每一种形式都可以缓解大学生的心理压力。因此，在体育教学中，教师不仅要引导学生进行体育运动，还要帮助学生减少消极的心理情绪，并结合实践组织各种形式的体育活动。教师通过组织各种形式的体育活动，吸引学生参与体育活动，使其保持健康的心理，缓解学习压力。例如，教师可以组织体育俱乐部，不同的体育爱好者可以根据自己的喜好选择适合自己的俱乐部，从而提高学生的体育兴趣。经过一段时间的运动训练，可以举办运动比赛，这不仅有助于测试学生的运动能力，也有助于增进学生之间的友谊，建立良好的人际关系。此外，教师还应注意学生在运动中的情绪波动。如果发现学生有抑郁等负面情绪，教师需要进行及时的心理咨询。体育运动与心理健康教育相结合，可以促进学生身心健康发展。

五、通过高校体育运动促进大学生身心健康的建议

（一）培养学生对体育运动的兴趣

兴趣决定态度和行为。如今，许多学生严重依赖手机和电脑游戏，业余时间很少出去运动。为此，高校应创新体育教学模式，激发学生的体育兴趣。高校可以通过建立体育俱乐部，制订俱乐部活动计划，邀请国内外体育明星到高校教学，与体育企业合作，建立体育训练基地或为学生提供体育实践机会，提高和培养学生对体育运动的认识和兴趣。

（二）重视学生课外体育运动

目前，我国许多高校只注重课堂体育，很少关注学生的课外体育运动。在体育教学中，学生只能学到最基本的运动知识和技能。如果想提高他们的

身体和心理素质，必须让学生在课后运动。鉴于上述情况，高校应该更加重视学生的课外体育运动。具体策略有三：一是建立课外运动训练队伍，高校应该选择更年轻、更负责任的课外体育教师组成课外体育指导小组，并对课外体育教师提供多种形式的支持，定期给予物质和精神奖励，提高课外体育教师的积极性；二是尽量在周末和节假日组织体育活动和比赛，为学生创造课外体育平台；三是根据学生的实际情况，调查学生的课外体育运动需求，完善高校体育场地和设备，为学生创造良好的体育运动环境。

（三）关注学生中的弱势群体

所谓弱势群体，是指不能完成体育课程标准规定的体育任务、不能达到预期的体育目标的学生。在高校体育教学中，与健康的学生相比，体质较弱的学生遇到的困难会更多。对于这类学生，体育教师要尊重他们的体育需求，然后根据他们的个人差异，改变他们的体育学习目标。在教学中，体育教师应对体质较弱的学生制定考试任务清单，以逐步提高其体质。由于身体上的问题，大部分学生没有足够的积极性参与教学。为了解决这一问题，体育教师应该开展丰富多彩的体育活动，给学生展示自我、证明自我的机会，让学生感受到成功的感觉。

大学生正处于一个身心不断变化的时期，体育作为一种有利于身心健康发展的行为，对促进大学生的全面发展具有不可替代的作用。高校应该激发大学生进行体育运动的积极性，高度重视学生的心理健康，依靠各种力量，鼓励学生多做运动，改善他们的身体和心理素质，以提高他们的毅力和耐力，促进他们的身心健康得到全面发展。

第五章 大学生体质健康的测量与评价

体质是健康的物质基础。对于大学生来说，培养良好的体质和塑造健康的心理状态非常重要，这就需要一个基础性的标准来帮助大学生判断自我健康是否达标。

第一节 人体形态的测量与评定

一、人体形态概述

人体形态是反映人体外表结构和生长发育水平的重要指标。这些指标包括身高、坐高、体重、胸围、肩宽、骨盆宽、臂围、上肢长、下肢长、腰围等。人体形态指标可以反映个体局部的形态特点，该指标受遗传因素的影响较大。

不同的运动项目，对运动员的身体形态选材标准也不同，因此，应结合运动项目的特点来确定运动员的选材标准。一般情况下，每一个运动项目都要求运动员的身体形态符合本运动项目的运动专项特点的基本要求，这关系到运动项目的合理选材问题。

二、人体形态的测量内容

根据人体形态的具体标准，人体形态的测量主要包括以下内容：

（一）身高

身高，也称"空间整体指标"，是个体纵向发育水平的重要指标之一，具体是指人体站立时足支撑面到头顶点的垂直距离。人体身高受遗传因素和环境因素的制约和影响，身高的遗传度较高，很大程度上取决于父母的遗传基因，男孩遗传度为75%，女孩遗传度为92%。

测量方法：受测者赤足，以立正姿势站立于底板上，背靠身高计，足跟、骶骨和两肩胛与立柱接触，耳眼处水平位。测试者将水平压板下滑至受测者头顶点，双眼与压板水平，读数并记录测量值。

（二）体重

体重是衡量人体骨骼、肌肉、皮下脂肪及内脏器官等综合重量发展变化的指标。人的体重通常受遗传、年龄、性别、季节、体育运动、疾病、伤害等因素的影响。

测量方法：受测者赤足、身着薄衣裤站立于体重计中央，测试者移动刻度尺稳定在水平位后读数并记录其重量值。

（三）坐高

坐高是指人体取正位坐姿时头和躯干的总长度，它通常用来反映人体躯干的生长发育状况以及躯干与下肢的比例关系。

测量方法：受测者端坐在身高坐高计底板上，头摆正，躯干挺直紧靠立柱，测试者将水平压板下滑至受测者头顶点，在两眼与压板呈水平位时读数并记录测量值。

（四）骨盆宽

骨盆宽是指骨盆左右两端髂嵴外缘突出点之间的直线距离，它反映了人体骨盆的发育情况，是运动选材的重要参考指标之一。

测量方法：受测者两腿并拢成自然站立姿势，测试者面对被测者用测径规的两脚端分别置于骨盆左右两髂嵴外缘并计取其最宽部距离以及计量其水平直线距离。

（五）胸围

胸围的测量应从肩胛下角下缘开始，男性至乳头上缘，女性至乳头上方第四肋骨处，这是胸部的水平围长。胸围可间接反映胸廓大小和胸部肌肉的发育状况，是体现体形和健康状况的重要形态指标。

测量方法：男子裸露上体，自然站立，平静呼吸，测试者将软带尺上缘置于其背部肩胛骨下角，胸部则将软带尺下缘置于乳头上进行测量；女子戴胸罩，测试者将软带尺置于其背部两肩胛骨下角，胸部置于乳头上缘进行测量。

（六）腰围

腰围，也称"腹围"，具体是指人体腰部围度的大小，可以反映人体腰部肌肉的发育水平及腹部皮下脂肪的厚度和沉积状况。

测量方法：受测者自然站立，测试者将带尺置于受测者脐上，以水平位绕腹一周，取其自然呼吸时的计量值。

第二节 大学生身体机能的测量与评定

一、身体机能概述

身体机能是指人的整体及其组成的各身体系统、器官所表现出来的生命活动。一般来说，身体机能水平越高则运动潜能越大，越有可能表现出优异的运动水平。良好的身体机能是个体保持身体健康的重要基础之一。

二、身体机能的测评内容

（一）循环机能测评

人体的循环系统主要是由心血管系统构成的闭锁管道，它能有效反映个体的身体发育水平、体质状况以及运动训练水平。一般来说，在体质健康测评中，最常用的测量个体身体循环机能的测量指标是脉搏和血压。

在大学生体质健康测试中，对大学生脉搏和血压进行测量的主要目的在于了解其机体运动前后心血管系统的变化规律、特点，一般采用台阶试验测量。台阶试验是一项定量负荷机能试验，可以间接推断机体的耐力。该试验主要通过有节律的登台阶运动的持续时间（秒）与规定的脉搏次数的比值来评定个体的心血管机能水平。一般来说，指数越大，心血管机能水平越高。

（二）呼吸机能测评

呼吸是人体的基本生理功能之一，其主要作用是排出体内的二氧化碳，吸入氧气。在体质健康测量中，对个体呼吸机能的测量与评价的指标主要是肺活量。

1.肺活量测试

肺活量是指个体做最大吸气之后，再做最大呼气时所排出的气体量。其反映了肺的容积和呼吸机能的潜力。肺活量受遗传因素的影响较小，遗传度仅为30％，可通过后天的训练而改变。一般情况下，肺活量与年龄呈正相关关系。

测试方法：受测者面对肺活量计站立，先做一两次深呼吸，再吸一口气后将气尽量呼出，直到不能再呼气为止；测量3次，取最大值；呼气时要保持身体直立，不允许弯腰和换气；测量肺活量用的吹嘴要消毒，一个吹嘴只能允许一人使用。

2.5次肺活量试验

测试方法：连续测试5次肺活量，每次间隔15秒（包括吹气时间在内），记录各次测试的结果。

测试评价：测试完后统计结果，如果各次肺活量的值基本相同或逐次增加，那么说明受测者的呼吸机能良好；如果5次结果逐渐下降，尤其是最后两次明显下降，那么就说明受测者机能不良（如机体疲劳、有疾病等）。

3.肺活量运动负荷试验

测试方法：先测安静状态下的肺活量，然后做定量负荷（如30秒20次蹲起、1分钟台阶试验或3分钟原地高抬腿跑等），运动后立即测肺活量，每分钟1次，共测5次，记录结果。

测试评价：负荷后的5次肺活量结果逐渐增大或保持稳定，那么就说明受测者机能良好；如果运动后的5次结果逐渐下降，到第5分钟仍未恢复到负荷前的水平，那么就说明受测者机能不良。

（三）感觉机能测评

感觉是神经系统对外界刺激的直接反应，是个体从事体育运动的重要物质基础。一般来说，个体的感觉越精细，动作越协调，动作的灵敏度就会越高。因此，感觉功能的好坏直接影响运动者的运动水平高低和成绩高低。个体的感觉具体可分为外部感觉（如听觉、皮肤感觉等）和内部感觉（如运动觉、平衡觉、机体觉等）两种。这里重点分析以下几种：

1.视觉

视觉在一定程度上受遗传因素影响，色盲为单基因遗传，是与生俱来的。运动对运动者的视觉要求较高，视觉也是运动选材的重要指标之一。通常教练员要考虑运动项目对运动员视力的要求，还要充分考虑运动员的立体视觉。立体视觉是一个反映远距离视觉平衡能力的指标，以球类运动为例，它对运动员精细、准确地判断人与球之间的空间关系和距离具有重要作用。

2.动作频率感觉

动作频率感觉是反映个体摆臂与抬腿的动作频率以及最高动作频率的重要指标。测试动作频率感觉时要注意记录摆臂、摆腿的最高频率及复制误差。一般来说，频率越高，误差越小，运动员的动作频率感越强。

3.臂、腿动觉

臂、腿动觉可反映个体臂、腿本体感觉的准确性，拥有良好的本体感觉对大学生学习技术、技能有着非常重要的作用，本体感觉越准确越有助于运动水平和技能水平的提高。

对大学生感觉机能的测量，可使大学生知道在身体练习中如何更快地掌握不同运动项目的技术，有助于提高大学生对相应动作技术的运用质量。

测试评价：取两次测试中的最佳值，记录测验成绩，具体评价标准见表 5-1。

表 5-1 闭眼单脚站立测验评价标准

性别	年龄（岁）	P_{10}	P_{25}	P_s	P_{7s}	P_{90}	P_{g7}
男	20~24	6.0	13.0	27.0	59.0	99.0	150.0
	25~29	5.0	11.0	24.0	49.0	86.0	143.0
	30~34	5.0	10.0	20.0	42.0	75.0	125.0
女	20~24	6.0	12.0	25.0	53.0	97.0	150.0
	25~29	5.0	10.0	22.0	46.0	84.0	148.0
	30~34	5.0	9.0	19.0	40.0	73.0	128.0

第三节 大学生身体素质的测量与评定

一、身体素质概述

身体素质，又被称作"运动素质"，是运动过程中个体表现出来的身体的各种能力，包括耐力素质、速度素质、力量素质、柔韧素质和灵敏素质。在一定程度上，身体素质会受遗传因素的影响，但通过后天的训练，身体素质也可以得到极大的提高。

二、身体素质的测评内容

（一）力量素质测评

关于力量素质，张英波认为，力量素质具体是指"人体—肌肉"系统在工作时克服或对抗阻力的能力。一般来说，对于大学生基础力量素质的测评主要可通过以下方法进行：原地纵跳摸高（反映下肢伸肌特别是膝关节伸肌和足跖屈肌垂直向上跳起的爆发力指标）、立定跳远（测评下肢肌特别是膝关节伸肌和足屈肌向前跳的爆发力指标，同时也能反映出一定的灵敏性）。

（二）速度素质测评

人体素质中尤为重要的一项是速度素质，它包括人体快速完成动作的能力、对外界刺激或各种应激反应的快速判断能力及快速经过某种规定距离的能力。简单地讲，这三个方面的表现形式表达的就是动作速度、周期性运动中的位移速度和反应速度。

1.位移速度测评

位移速度受遗传因素的影响较大，后天训练不易改变，通常用测 50 米跑成绩的方法来测试大学生的位移速度。

2.反应速度测评

反应速度与人体神经系统反应速度和肌肉系统的骨骼肌纤维的类型有密切关系，受遗传因素的影响较大，遗传度 75 %以上，且通过后天训练不易被改变。反应速度的测试可通过简单反应时的测试进行。

测试仪器：电子测试仪。

测试方法：受测者坐在仪器前，面对信号盒。测试者发出预备口令时，受测者注意信号盒，准备对刺激（灯光或声音）做出按键反应。一旦看到信号灯，就立即做出按键反应。视、听反应各测 5~10 次，求平均数，以毫秒为单位。

注意事项：测试者呈现信号时间不宜过长，一般是 2 秒钟后呈现，不能让受测者等待过久。

测试评价：反应时间越短越好。

3.动作速度测评

个体动作速度的快慢是测试速度素质的重要指标。测定动作速度需要配备专门的仪器，如无专门的测试仪器，可让受测者在较短的规定时间内，连续反复做一个动作，记录下在规定时间内的动作次数，就可以测出动作速度。规定时间不宜过长，一般在 10~30 秒钟，这样就可以排除速度耐力和力量耐力等其他因素的影响，正确测算出个体的动作速度。

目前，常用的动作速度测评方法主要有 10 秒原地高抬腿跑、等速度和频率测试、某一规定姿势拳击击打速度和频率测试、手指摆动指频仪测试等，这些测试均可反映神经系统发放速度的快慢、完成动作的速度和频率等问题。

（三）耐力素质测评

耐力素质是指个体克服工作过程中所产生的疲劳的能力。它是人体身体素质的重要组成部分之一，是体现个体健康水平或体质情况的重要标志，任何一个体育运动项目都需要运动者具备相应的耐力素质。运动生理学研究认为，疲劳是由于机体长时间工作而引起的工作能力的暂时性降低，其表现为工作较困难或者完全不能按照以前的强度继续工作。因此，运动者克服疲劳的能力，客观真实地反映了其耐力水平。

耐力素质的常用测试方法具体如下：

1.定距离计时跑

（1）400米（50米×8次往返）跑：测试时可多人同时进行，将所有受测者分为3~4人一组，采用站立式起跑，听到口令后开始起跑，往返8次，往返跑时逆时针绕过竿。受测者穿跑鞋，跑时不得碰竿、扶竿和串道。测试者发出起跑口令的同时，计时者开始计时，受测者胸部到达终点时停表。用时越短则说明耐力素质越好。

（2）800米跑、1500米跑：测试时可多人同时进行，将所有受测者分为3~4人一组，采用站立式起跑，听到测试者口令后立即起跑，直至跑完全程。受测者跑完后，不要马上停止或坐下，以免发生意外伤害事故。测试者发出起跑口令时，计时者开表计时，受测者胸部到达终点时停表。用时越短则说明耐力素质越好。

2.定时计距离跑

定时计距离跑具体是指在规定时间内尽可能跑较长的距离。常用的测试方法有9分钟跑、12分钟跑、15分钟跑等。测试时，受测者站立在起跑线后，听到发令者发令后，以最快的速度坚持跑9分钟（12分钟或15分钟），由计时者记录受测者在9分钟（12分钟或15分钟）跑过的距离。以米为单位记录，不计小数。规定时间内跑进的距离越长则说明耐力素质越好。

（四）柔韧素质测评

柔韧素质主要体现的是关节活动幅度和跨过关节的肌肉、肌腱、韧带等软组织的伸展性，这两方面对柔韧水平的影响非常大。其中，决定关节活动幅度的主要因素是关节本身的装置结构，以及跨过关节的肌肉、肌腱、韧带等软组织的伸展性。柔韧素质虽然受遗传因素的影响较大，但可以通过后天的训练得到改善。

（五）灵敏素质测评

身体的灵敏度是一种综合素质，最常用的测试方法主要有以下四种：

第一，反复横跨。在平坦的地面上画一条中线，在中线两侧各画一条平行线，平行线与中线的距离为120厘米。测试时，受测者两脚跨中线站立，膝微屈。听到测试者的"开始"口令后，单脚跨越横线，双脚落地，先跨右侧平行线，然后跨回中线，再跨左侧平行线，接着又跨回中线，往复进行20秒钟，测试者记录受测者的横跨次数。单位时间内横跨的次数越多，说明身体灵敏性越好。

第二，立定跳远（厘米）。在进行立定跳远测量时，规定学生不可以有垫步连跳的动作，脚尖不得踩线。受测者允许试跳三次，取其中最好的成绩。

第三，立卧撑。此方法主要是测量人体迅速、准确、协调地变换身体姿势的能力。测试时，受测者取立正姿势，听到测试者的"开始"口令后，双手于脚尖15厘米处扶地成蹲撑，双腿向后伸直成俯撑，再收腿成蹲撑，然后还原成立正姿势，即为完成一次动作。开始和结束部分时的身体必须呈立正姿势，背和腿要伸直。受测者需连续做立卧撑10秒钟，测试者记录受试者合格的立卧撑动作的次数。

第四，12分钟跑（米）。测试开始后，受测者以站立的姿势起跑，绕跑道跑12分钟。当听到测试者"停跑"的命令后，记下受测者所处的地点，然后测量其距离并记录成绩。

第四节 《国家学生体质健康标准》

一、《国家学生体质健康标准》实践意义

我国印发的《国家学生体质健康标准》是目前评价学生体质健康的重要依据，它对我国学生的体质健康提出了基本要求和基本标准；同时，在学校进行具体施教的过程中，《国家学生体质健康标准》也是评价学校体育教育的指导性文件。

我国教育部门为了让学生的体质健康形成规律的信息反馈，通过实施《国家学生体质健康标准》这一规定进行数据分析，这样不仅能让学生在第一时间内掌握自己体质健康的变化状况，学校和相关的教育部门也能根据这些数据及时、全面地了解学生的体质健康状态和调整健康促进策略，更好地为学生体质健康保驾护航。

二、《国家学生体质健康标准》测评内容

《国家学生体质健康标准》对不同年龄阶段的学生的体质健康提出了不同的要求，构成了我国学生体质健康测评的标准体系。当前，《国家学生体质健康标准》（2014年修订版）测量的内容包括身体形态、身体机能以及身体素质等；具体而言，其各项测量项目涉及身体形态和身体成分、心血管系统功能、肌肉力量和耐力、身体柔韧性等四个方面。

根据我国于 2014 年修订的《国家学生体质健康标准》的有关内容，大学生的各项体质健康测量指标如表 5-2 所示。

表 5-2 大学生体质健康测量指标与权重

单项指标	权重（%）
体重指数（BMI）	15
肺活量	15
50 米跑	20
坐位体前屈	10
立定跳远	10
引体向上（男）/1 分钟仰卧起坐（女）	10
1000 米跑（男）/800 米跑（女）	20

注：体重指数（BMI）= 体重（千克）/身高^2（米^2）。

为了保证学生体质健康测量的科学性、准确性，测量过程中应尽可能地使误差降到最低，同时应通过严格执行操作规范和进行多次测量以有效消除各项误差。为了实现对学生体质健康测量数据的高效、有序管理，一般采用图表的形式记录数据，并通过计算机对数据进行存储、分析和整理。

三、《国家学生体质健康标准》指标综述

（一）体质健康评价指标层次

《国家学生体质健康标准》适用于全日制普通小学、初中、普通高中、中等职业学校、普通高等学校的学生。它对不同年龄段的学生设置了多种测试项目，与我国的学生体质健康的实际情况相符，并在实践中不断改善和提高。

根据测试对象的不同，《国家学生体质健康标准》测试的各项指标也有所不同。其中体重指数（Body Mass Index，BMI）和肺活量是小学阶段到大学阶段的学生都要进行测量的项目。另外，处于不同教育阶段的学生的测试指标也有所差异。

（二）体质健康评价指标操作

评价学生的体质健康状况，应根据学生具体的年龄和性别特征选择相应的测试项目。在测试结束后对学生的测试结果进行评价，首先是对各单项成绩和等级的评定，然后在此基础上得到学生的体质健康总得分，测试和评价最终会以得分的形式展现。研究人员根据测评结果对学生的身体健康素质现状进行分析，为学生运动目标的设定和自我评价提供参考依据。

以高校大学生为体质健康测试对象的，其体质健康评价指标及其操作一般涉及以下几种：

1.体重指数测量

体重指数测量能够评定学生身体的匀称度，并且能在一定程度上反映学生的营养状况。我国健康成年人的体重指数一般在 18.5~23.9，如果低于18.5，则为消瘦；在 24~28 则为"超重"。

2.肺活量测量

肺活量即为在一次尽力吸气后，再尽力呼出的气体总量。它能反映学生肺的一次性最大机能活动量。肺活量测试的计算公式为：肺活量=潮气量+补吸气量+补呼气量。

3.50 米跑测量

50 米跑是国际通用的位移速度测试项目，主要用于测试学生的速度素质。此外，该项测试还能够体现学生的快速反应能力。在测试时，应以秒为单位，保留小数点后 1 位小数，当小数点后第二位数非"0"时，则进 1，如

8.03 秒，应记为 8.1 秒。

4.引体向上和仰卧起坐测量

引体向上主要适用于高校男生，目的在于测量高校男生上悬垂力量、肩部力量、握力以及耐力。仰卧起坐主要适用于高校女生，记录一分钟内完成的数量作为具体的测评标准。

5.1 000 米和 800 米跑测量

测试学生耐力素质的项目有高校男子 1 000 米跑、高校女子 800 米跑，包括其心血管呼吸系统的机能以及肌肉的耐力水平。

在进行测量工作之前，学生们应在教师的指导下做好热身运动，让身体呈现最佳状态。一般在测量过程中，会采取站立式起跑方式，全程要用匀速跑的形式进行。要避免在大风天气展开 800 米跑和 1 000 米跑测量工作，以免给测量工作带来较大误差。

四、《国家学生体质健康标准》评分标准

（一）大学生单项指标评分标准

根据《国家学生体质健康标准》的相关内容，在对高校大学生各项指标进行测量和统计的基础之上，参考各项评分表对学生的体质健康状况进行评分。评分标准分为七大项，具体如表 5-3、表 5-4、表 5-5、表 5-6、表 5-7、表 5-8、表 5-9 所示。

表 5-3　大学生体重指数（BMI）单项评分标准　　　单位：千克/米^2

等级	单项得分	男生	女生
正常	100	17.9~23.9	17.2~23.9
低体重	80	≤17.8	≤17.1
超重		24.0~27.9	24.0~27.9
肥胖	60	≥28.0	≥28.0

表 5-4　大学生肺活量单项评分标准　　　单位：毫升

等级	单项得分	男生		女生	
		大一、大二	大三、大四	大一、大二	大三、大四
优秀	100	5040	5140	3400	3450
	95	4920	5020	3350	3400
	90	4800	4900	3300	3350
良好	85	4550	4650	3150	3200
	80	4300	4400	3000	3050
及格	78	4180	4280	2900	2950
	76	4060	4160	2800	2850
	74	3940	4040	2700	2750
	72	3820	3920	2600	2650
	70	3700	3800	2500	2550
	68	3580	3680	2400	2450
	66	3460	3560	2300	2350
	64	3340	3440	2200	2250
	62	3220	3320	2100	2150
	60	3100	3200	2000	2050
不及格	50	2940	3030	1960	2010
	40	2780	2860	1920	1970
	30	2620	2690	1880	1930

等级	单项得分	男生		女生	
		大一、大二	大三、大四	大一、大二	大三、大四
	20	2460	2520	1840	1890
	10	2300	2350	1800	1850

表 5-5　大学生 50 米跑单项评分标准　　　　　　单位：秒

等级	单项得分	男生		女生	
		大一、大二	大三、大四	大一、大二	大三、大四
优秀	100	6.7	6.6	7.5	7.4
	95	6.8	6.7	7.6	7.5
	90	6.9	6.8	7.7	7.6
良好	85	7.0	6.9	8.0	7.9
	80	7.1	7.0	8.3	8.2
及格	78	7.3	7.2	8.5	8.4
	76	7.5	7.4	8.7	8.6
	74	7.7	7.6	8.9	8.8
	72	7.9	7.8	9.1	9.0
	70	8.1	8.0	9.3	9.2
	68	8.3	8.2	9.5	9.4
	66	8.5	8.4	9.7	9.6
	64	8.7	8.6	9.9	9.8
	62	8.9	8.8	10.	10.0
	60	9.1	9.0	10.3	10.2
不及格	50	9.3	9.2	10.5	10.4
	40	9.5	9.4	10.7	10.6
	30	9.7	9.6	10.9	10.8
	20	9.9	9.8	11.1	11.0
	10	10.1	10.0	11.3	11.2

表 5-6 大学生坐位体前躯单项评分标准　　　　单位：厘米

等级	单项得分	男生		女生	
		大一、大二	大三、大四	大一、大二	大三、大四
优秀	100	24.9	25.1	25.8	26.3
	95	23.1	23.3	24.0	24.4
	90	21.3	24.5	22.2	22.4
良好	85	19.5	19.9	20.6	21.0
	80	17.7	18.2	19.0	19.5
及格	78	16.3	16.8	17.7	18.2
	76	14.9	15.4	16.4	16.9
	74	13.5	14.0	15.1	15.6
	72	12.1	12.6	13.8	14.3
	70	10.7	11.2	12.5	13.0
	68	9.3	9.8	11.2	11.7
	66	7.9	8.4	9.9	10.4
	64	6.5	7.0	8.6	9.1
	62	5.1	5.66	7.3	7.8
	60	3.7	4.2	6.0	6.5
不及格	50	2.7	3.2	5.2	5.7
	40	1.7	2.2	4.4	4.9
	30	0.7	1.2	3.6	4.1
	20	-0.3	0.2	2.8	3.3
	10	-1.3	-0.8	2.0	2.5

表 5-7　大学生立定跳远单项评分标准　　　　　　单位：厘米

等级	单项得分	男生		女生	
		大一、大二	大三、大四	大一、大二	大三、大四
优秀	100	273	275	207	208
	95	268	270	201	202
	90	263	265	195	196
良好	85	256	258	188	189
	80	248	250	181	182
及格	78	244	246	178	179
	76	240	242	175	176
	74	236	238	172	173
	72	232	234	169	170
	70	228	230	166	167
	68	224	226	163	164
	66	220	222	160	161
	64	216	218	157	158
	62	212	214	154	155
	60	208	210	151	152
不及格	50	203	202	146	147
	40	198	200	141	142
	30	193	195	136	137
	20	188	190	131	132
	10	183	185	126	127

表 5-8　大学生引体向上（1分钟仰卧起坐）单项评分标准　　　单位：次

等级	单项得分	男生		女生	
		大一、大二	大三、大四	大一、大二	大三、大四
优秀	100	19	20	56	57
	95	18	19	54	55
	90	17	18	52	53
良好	85	16	17	49	50
	80	15	16	46	47
及格	78			44	45
	76	14	15	42	43
	74			40	41
	72	13	14	38	39
	70			36	37
	68	12	13	34	35
	66			32	33
	64	11	12	30	31
	62			28	29
	60	10	11	26	27
不及格	50	9	10	24	25
	40	8	9	22	23
	30	7	8	20	21
	20	6	7	18	19
	10	5	6	16	17

表 5-9 大学生耐力跑单项评分标准 单位：分·秒

等级	单项得分	男生		女生	
		1000 米		800 米	
		大一、大二	大三、大四	大一、大二	大三、大四
优秀	100	3′17″	3′15″	3′18″	3′16″
	95	3′22″	3′20″	3′24″	3′22″
	90	3′27″	3′25″	3′30″	3′28″
良好	85	3′34″	3′32″	3′37″	3′35″
	80	3′42″	3′40″	3′44″	3′42″
及格	78	3′47″	3′45″	3′49″	3′47″
	76	3′52″	3′50″	3′54″	3′52″
	74	3′57″	3′55″	3′55″	3′53″
	72	4′02″	4′00″	4′04″	4′02″
	70	4′07″	4′05″	4′09″	4′07″
	68	4′12″	4′10″	4′14″	4′12″
	66	4′17″	4′15″	4′19″	4′17″
	64	4′22″	4′20″	4′24″	4′22″
	62	4′27″	4′25″	4′29″	4′27″
	60	4′32″	4′30″	4′34″	4′32″
不及格	50	4′52″	4′50″	4′44″	4′42″
	40	5′12″	5′10″	4′54″	4′52″
	30	5′32″	5′30″	5′04″	5′02″
	20	5′52″	5′50″	5′14″	5′12″
	10	6′12″	6′10″	5′24″	5′22″

（二）大学生加分指标评分标准

高校大学生体质健康加分指标评分内容及标准具体情况如表 5-10、表 5-11 所示。

表 5-10　大学男生加分指标评分标准

加分	引体向上（次）		1000 米跑 （分·秒）	
	大一、大二	大三、大四	大一、大二	大三、大四
10	10	10	-35″	-35″
9	9	9	-32″	-32″
8	8	8	-29″	-29″
7	7	7	-26″	-26″
6	6	6	-23″	-23″
5	5	5	-20″	-20″
4	4	4	-16″	-16″
3	3	3	-12″	-12″
2	2	2	-8″	-8″
1	1	1	-4″	-4″

注：引体向上为高优指标，学生成绩超过单项评分 100 分后，以超过的次数所对应的分数进行加分。1 000 米跑为低优指标，学生成绩低于单项评分 100 分后，以减少的秒数所对应的分数进行加分。

表 5-11　大学女生加分指标评分标准

加分	一分钟仰卧起坐（次）		800 米跑 （分·秒）	
	大一、大二	大三、大四	大一、大二	大三、大四
10	13	13	-50″	-50″
9	12	12	-45″	-45″
8	11	11	-40″	-40″
7	10	10	-35″	-35″

续表

加分	一分钟仰卧起坐（次）		800米跑 （分·秒）	
	大一、大二	大三、大四	大一、大二	大三、大四
6	9	9	-30″	-30″
5	8	8	-25″	-25″
4	7	7	-20″	-20″
3	6	6	-15″	-15″
2	4	4	-10″	-10″
1	2	2	-5″	-5″

注：1分钟仰卧起坐为高优指标，学生成绩超过单项评分100分后，以超过的次数所对应的分数进行加分。800米跑为低优指标，学生成绩低于单项评分100分后，以减少的秒数所对应的分数进行加分。

第六章 大学生健康促进的实用运动处方

第一节 运动处方概述及基本组成

一、运动处方概述

世界上最早的运动处方可追溯到我国战国时期的作品《行气玉佩铭》。公元前 460 年—公元前 377 年，古希腊医学家希波克拉底最早用体操来治疗疾病，他的论著《运动疗法》《健身术》是运动处方的萌芽。

现代运动处方始于 20 世纪 50 年代，经过几十年的发展，已经成为人们健身、康复的主要方法。世界各国学者也对运动处方的理论和实践应用进行了多方研究。

随着社会的不断发展，人们对健康越来越重视。无论是日常生活中的强身健体还是疾病后的康复过程，运动处方都能给人们提供全面、科学、合理的指导方式，所以在现代社会中，运动处方有着广阔的发展前景。

运动处方最早是受医院医疗处方的启发，并在体育运动的实践中得到广泛应用和发展。因此，在分析运动处方之前，先简单介绍一下用于给病人治病的医疗处方的基本知识。

（一）医疗处方的概念

《处方管理办法》（中华人民共和国卫生部令第 53 号，自 2007 年 5 月 1 日起施行）第二条规定："处方是指由注册的执业医师和执业助理医师（以下简称医师）在诊疗活动中为患者开具、由取得药学专业技术职务任职资格的药学专业技术人员（以下简称药师）审核、调配、核对，并作为患者用药凭证的医疗文书。处方包括医疗机构病区用药医嘱单。"

根据《处方管理办法》，开具医疗处方要经过极其严格的程序和要求，必须由具备资质的医师和药师共同开具，有明确的针对性、较高的权威性和法规约束力，且医疗处方只是当日有效，药物用量最长不超过 7 日，一般用药量为 3 日。医疗处方科学化地为运动处方的诞生提供了理论依据和实际的操作经验。

（二）运动处方的概念

美国生理学家卡波维奇在 20 世纪 50 年代提出了运动处方的概念；日本生理学家猪饲道夫教授在 1960 年初次运用了运动处方术语；1969 年，国际上承认了运动处方的地位；西德 Holl-mann 研究所从 1954 年起对运动处方的理论和实践进行大量的研究，制定出针对运动员、健康人、中老年人、肥胖病等不同人群的各类运动处方，并取得了显著的效果。

（三）运动处方与医疗处方的区别与联系

运动处方是受医疗处方的启发而发展起来的运动方法，无论是从形式上还是从内容上，都有着非常相似的地方，但也存在诸多差别，而且有些差别是非常重要的。因此，比较和分析其主要差别，对于发展运动处方的理论和实践具有重要意义。运动处方与医疗处方的区别与联系如表 6-1 所示。

表 6-1 运动处方与医疗处方比较

比较的内容	运动处方	医疗处方
处方结构特征	一致	一致
目的	以增进健康、预防疾病为主	治疗疾病
目标对象	个体或类似群体	个体
制定主体	体育教师、体育保健工作者等	医师和药师共同完成
处方的使用周期	可长、可短，一般几周至几月	3～7 天
处方的实效性	无严格要求	当日有效
处方的稳定性	经常会调整	一般不变
权威性	一般	较高
法规约束力	无	有

关于练习的目的，不同的人群有着不同的要求，有的是控制体重，有的则是提高身体素质，有的可能是治疗某些慢性疾病。随着运动处方理论与实践的发展，目标对象可以是个体，也可以是类似群体。

二、运动处方的基本组成内容

（一）练习的目的

不同的目标群体或个体，其目的不同。归纳起来，练习的目的一般有增强体质、保健康复、减肥塑形、休闲娱乐、预防疾病以及从多方面提高运动素质与健康水平等。

（二）练习的内容

练习的内容是运动处方所运用的练习手段与方法的总称。关于练习和运动种类的划分非常复杂，根据不同的分类标准得到的分类体系也不同。从运动的结构上看，可以将运动分为周期性运动和非周期性运动两大类；从运动竞技取胜的决定因素来看，又可分为体能类和技能类两大类；根据练习做功的方式，可分为动力性练习和静力性练习两大类；等等。制定运动处方主要注重的不是练习或运动的形式，而是其对身体的效果。因此，根据练习或运动的生理学基础——供给氧气的方式和特点，可将练习划分为以有氧供能为主的练习、以无氧供能为主的练习及以混合供能为主的练习三种类型。

需要补充的是，以上分类是相对于一般情况而言的，究竟是有氧还是无氧，主要取决于练习时所选取的强度，而不是练习的方式。如100米跑练习，如果采取慢跑的练习强度，就是以有氧供能为主的练习；反过来，如果采取全速跑，它就变成了以无氧供能为主的练习。

另外，同样的练习负荷，由于个体之间的体力、身体素质及健康状况等诸多方面的差异，也会存在有氧与无氧的差别。因此，在研究运动处方的设计时，要针对具体情况，选择合理、有效的练习类型，保证达到练习的目的。

（三）练习的负荷

练习的负荷包括负荷的强度和负荷的量度。负荷的强度是指练习对机体产生生理、心理刺激的剧烈程度；负荷的量度是指练习对机体刺激的数量要求。如100米跑练习所用的时间是15秒，100米是练习的负荷量度，15秒是练习的负荷强度；举重100千克，连续做8次推举，100千克是练习的负荷强度，8次是练习的负荷量度。

运动强度是运动负荷的重要方面，是运动处方的重要内容，因此，制定运动处方要重视对运动强度的设计。

（四）练习持续的时间

练习持续的时间是指一次练习所需要的时间长度。一次练习的时间包括每组实际运动的时间和组间休息的时间，即从练习开始到练习结束的全部时间。时间长度的设计应当根据处方对象的具体情况来定，并非越长越好，练习持续的时间与练习的强度成反比。

（五）练习的频度

练习的频度是指重复练习的次数。一般以周为基本单位，可表示为一周练习多少次（次/周），如一周练习 3 次（一、三、五练习），隔日休息（二、四、六休息），周日调整。

练习的频度取决于练习的强度和练习持续的时间，它是运动负荷量度的重要指标，合理选择练习的频度有利于提高练习的效果。

（六）练习的进度

练习的进度是指运动处方执行推进的节奏。运动处方制定后，在实施的过程中，应根据实际情况，合理调节运动的强度、持续的时间、练习的频度甚至练习的方式等。练习的进度一般可分为三个阶段：

第一，开始阶段。该阶段的主要任务是初步适应练习，一般练习强度较低。

第二，发展阶段。在第一阶段的基础上，该阶段的主要任务是要稳步发展负荷强度或负荷量度。

第三，保持阶段。该阶段主要是保持负荷的持续刺激，持续产生积极的效果，但要加强医务监督，预防意外的发生。

（七）练习注意事项

练习注意事项是运动处方设计中不可缺少的部分，它包括对运动处方中主要要素的补充说明，在实施的实际过程中，对可能出现的情况提出的建议、解决办法，以及其他应当注意的问题，如饮食、休息等。

三、运动处方的特点及功能

（一）运动处方的特点

运动处方是大学生科学、正确地参加运动的指导性文件，大学生按照运动处方进行运动能有效提高运动的效率。综合来讲，运动处方具有以下五大优势：

1.科学性

在制定运动处方的过程中，要严格遵循运动医学、临床医学和运动科学的知识原理，既要保证运动处方的可操作性和实效性，还要使运动处方具有权威的科学性。实践证明，按照运动处方进行运动的大学生，在提高自身身体素质、预防疾病和增强社会适应性方面，都有很好的效果。

2.目的性

大学体育发展到目前阶段，可供高校大学生选择的运动项目相当多，但是无论选择哪种运动项目，相应的运动处方都会有明确的运动目标，如以促进健康为目标的运动处方，主要是以强身健体和娱乐运动为主的项目。

3.针对性

运动处方虽然选择范围较广，但不是随意制定的。在运动处方的制定过程中，首先要确定其针对性，根据运动者的体能水平、健康状况和兴趣爱好等一系列实际情况进行制定。在运动时，只有同时具备针对性和个性化的运动处方，运动者才能良好地适应和发挥运动促进健康的作用。

4.计划性

运动处方是参照运动目标制定的，因而对运动目的有很强的计划性。大学生在选择项目进行运动时，应参照运动处方来平衡身体运动负荷量和运动强度，让运动方法更加得当，提高运动效果的显现率，提升大学生的兴趣，培养大学生终身运动的良好习惯。

5.安全、有效性

为了保证运动效果更加显著，大学生在运动前首先要参考实用性和针对性都较强的运动处方。在运动后，为了避免出现运动损伤，大学生还要及时地对自身的运动负荷量和运动效果进行分析和评价。

（二）运动处方的功能

运动处方主要是根据运动者的健康状况和体能水平，为健身者提供身体活动的指导性条款，它以处方的形式确定运动者活动的时间、频率强度以及方式。运动处方与一般的治疗方法相比，效果更为突出。它的功能主要表现在以下三个方面：

1.增强人体免疫力

人体通过自身的免疫系统来保持机体的相对平衡，为身体参与各项活动提供基本保障。一旦身体免疫系统有异常情况出现，机体生理功能就会失衡，导致整个机体的抵抗力大大下降，诱发多种疾病。

大学生根据已经制定好的运动处方参与运动，不仅能有效避免运动损伤，增强人体免疫力，积极地促进健康，而且制定良好的、科学的、合理的运动负荷还可以对人体的中枢神经、心血管、呼吸、内分泌等系统产生良性刺激，从而促进人体系统产生形态和功能上的变化，最终增强人体免疫系统的功能。

2.提高人体心肺功能

运动处方中多数会采取运动强度中等的有氧运动项目来指导大学生参与体育运动。有氧运动对人体的促进主要体现在两个方面：第一，多进行有氧运动可以有效降低安静时的心率；第二，可以加强心脏的收缩力量，增加脉搏的输出量，提高心脑血管系统的功能。

大学生在参与体育运动时应参照运动处方的指导，这样能提高人体肺活量，增强肺部组织的弹性功能，增加机体的摄氧量，从而全面改善呼吸系统的功能状况。实践证明，长期参与运动的人的肺活量要比缺乏运动的人的肺活量高出 500~1000 毫升。

3.改善现代文明病

现代社会的高速发展导致人类在享受高科技便利和现代文明的同时也会受到现代文明病的影响。现代快节奏的生活和激烈的竞争状态，导致人们长时间处在紧张、焦虑、恐惧的心理状态下，各种心理疾病层出不穷，像失眠、抑郁等就成为困扰人们的健康隐患。另外，现代生活水平的提高和工作条件的改善使人们长期久坐、缺乏运动，从而导致人们出现颈椎病、肩周炎、肥胖症和高血压等症状，这些症状也威胁着人类的健康。

目前来看，治疗现代文明病最有效的方式就是参与体育运动，通过增强人体机能提高人们的体质健康。这就要求现代大学生在参与体育运动时，一定要根据自身实际负荷情况，按照运动处方的要求进行科学、合理的运动；否则，没有原则和盲目地运动可能会对机体产生较大的伤害。

四、运动处方的分类

当前，关于运动处方的研究主要集中在保健康复领域，研究的对象也主要集中在体质弱势群体，如身体患有疾病、残疾，以及体弱、肥胖等人群。随着体育教育改革的不断深入，以及运动处方理论与实践的不断发展和完善，运动处方所涉及的目标对象会进一步扩大。依据运动处方所涉及的主要目标对象及目的的不同，运动处方可分为以下四种类型：

（一）治疗性运动处方

治疗性运动处方主要以那些患有慢性疾病、职业病，以及其他需要治疗的人群为目标对象，以调节身心健康、缓解病情、改善身体机能等为主要目的，主要选择一些具有保健、康复功能的中低负荷的运动项目，如太极拳、健身气功等练习，对于改善心脑血管疾病具有较好的效果。治疗性运动处方在临床医学中运用得非常广泛，高校也开始借鉴和运用，但对于研制该处方的人员的要求相对较高，一般要求除了掌握体育运动的常识和技巧以外，还应当熟悉相应的医学保健常识。

（二）健身性运动处方

健身性运动处方主要以那些体弱、肥胖或慢性病人群为目标对象，以调节身心健康、改善形体、缓解病情、改善身体机能为主要目的，主要采用一些中等负荷的有氧练习运动项目，如有氧健身操、中长距离跑步等。要求设计健身性运动处方的人员熟练掌握体育健身的基础理论和基本技能，并具备一定的运动营养和卫生保健常识。健身性运动处方是目前运用最为广泛的运动处方之一，深受白领、金领职业者的青睐。

（三）竞技性运动处方

竞技性运动处方以进一步改善形体、提高专项身体素质和运动技能，以期达到最佳的竞技状态，并且成功参加比赛为直接目的。因此，该处方的目标对象主要是职业运动员或准备参加比赛的运动参与者，采用专业的运动训练方法。研究设计者应当是熟悉运动训练理论和方法的体育教练员。

（四）教育性运动处方

教育性运动处方是当前体育教育改革研究的热点领域之一。随着教育理念的更新，体育教育者开始研究体育教学模式和方法的改革，处方式体育教学成为人们推崇的方法之一，并正在成为体育教育教学改革的一种趋势。实际上，运用于体育教学的运动处方就是教育性运动处方。它以普通学生为目标对象，以增进健康、改善机能、提高运动技术水平、塑造心理品质等为主要目的，以身体练习为基本手段。研究设计者一般是体育教师。目前，教育性运动处方的目标群体主要是身体患有疾病、残疾及体弱、肥胖的体质等身体素质处于弱势的学生。

综上所述，关于运动处方的划分是相对的，有时其目的又是交叉的，手段也是通用的，只是在具体实施时，要结合目标对象的实际情况和特点，善于把握和控制练习的负荷及节奏，加强医务监督和保障，提高处方的实施效果。

五、制定运动处方的理论依据

运动处方对内容和规范的格式有着严格的要求，因此在制定运动处方时，应当根据以下知识和背景，进行全面考察、分析和设计。

（一）目标对象的特点及目的

目标对象是制定运动处方的出发点和归宿。目标人群现实的身体健康状况及过往病史、运动史等因素，对处方的制定有直接的影响，关系到处方制定的情况。因此，在研究运动处方的设计之前，必须对目标对象进行全面的考察、测试和分析。

目标对象的目的要求也是一个重要依据。也就是说，处方对象想要达到什么样的目的，或者说根据目标对象的特点，其能够达到什么样的目的。因此，运动处方设计者要围绕这一目的，选择、设计具有针对性的运动处方。

（二）相关的医学科学知识

从运动处方的分类可以看出，处方涉及众多的学科知识，其中医学知识是基本知识。运动处方设计者只有熟悉和掌握足够的卫生、医学保健等常识，才能够科学分析特殊患者的基本情况，从而选择有效的处方方案，如对于高血压患者，就要禁止采用一些靠憋气来完成的练习动作；对于经期的妇女，也要禁止采用增加腹腔压力的练习动作。在实际的运动练习中，掌握丰富的医疗、卫生常识，有利于预防一些意外事故的发生。

（三）运动人体科学知识

运动人体科学是体育学的一个二级学科，其中运动生理、运动营养等学科知识是制定运动处方的重要基础之一。如运动负荷的设计、营养膳食的搭配等都离不开以上学科知识的指导。对运动生理研究的实验表明，机体对运动的适应具有双向性，良好的刺激可产生积极的影响，反之则会产生消极影响甚至裂变影响，而轻微的刺激对机体的影响不大。因此，从这个层面上看，运动负荷的设计直接关系到练习的效果。

（四）体育教育训练学知识

体育运动的基础理论和基本技能可以为我们选择练习方案提供丰富的素材和科学指导，各种练习内容的制定及技术指导都离不开相关的体育知识，如采用游泳运动来练习，就必须先学会相应的游泳动作技术，打太极拳也要学会套路，等等。体育还是教育的重要组成部分，具有教育的属性，在实施运动处方的过程中，还起到教育的功能。

另外，心理科学知识也是不容忽视的，尤其是对有心理障碍的目标对象来说。因此，掌握心理科学知识对研究运动处方的设计具有积极作用。

第二节 制定运动处方的步骤及原则

为了保证运动处方在实际运用中的科学性、有效性和实操性能够最大限度地发挥，在制定运动处方时，一定要掌握好制定步骤和科学原则。

一、制定运动处方的步骤

在制定运动处方前，要掌握三个步骤：第一，健康调查与评价；第二，运动实验；第三，体质测试。在制定各个步骤的具体内容时一定要考虑清楚，要结合自身的实际情况。

（一）健康调查与评价

健康调查与评价的主要目的就是了解运动者的基本健康状况和运动情况。需要了解和掌握的基本情况有：首先，要详细了解运动者以往的病史和身体健康状况，以及现有疾病的治疗方法；其次，要了解运动者参与体育运动的动机和参与体育运动所期待达到的目标等；最后，要充分了解运动者所处的社会环境条件和运动者以往的运动史。

（二）运动实验

随着社会的不断进步，运动实验的应用范围越来越大。目前进行的运动实验一般采取逐渐增加运动负荷的方式，运动实验主要根据被测验者的具体情况和测验的目的而定。正常来讲，进行运动处方的实验最好不要超出几点范围，即对运动者的体能素质和心脏健康状况进行测量评定，为后期制定运动处方提供必要的依据和提高运动处方的实用性。对于心脏的检测状况可作为早期冠心病的诊断依据，由于不适宜的运动可能会引发心律失常，做好这方面的记录在后期可用于对康复治疗效果的评定。

（三）体质测试

制定运动处方过程中最主要的依据是所选择测试运动项目的种类和运动的强度，测试的内容虽然广泛，但主要包括以下四种：

1.运动系统测试

体质检测中对于运动系统的测试主要包括两种测试内容，一种是手法肌力测试，另一种是围度测试。

（1）手法肌力测试：被测者首先选好合适的位置，通过运动让肌肉做最大程度的收缩，同时在关节远端作用下，由测试者向被测者助力，通过施加阻力的过程观察被测者对抗阻力的状况。

（2）围度测试：这种测试方法是根据肌肉力量的大小，运用与肌肉的生理横断面有关的生理常识来测试肌肉力量。这种测试的指标主要有：上臂围度、前臂围度、大腿围度、小腿围度、髌骨上5厘米的围度、髌骨上10厘米的围度等。

2.心血管系统测试

人们对于心血管系统的测试主要分为动态检查和静态检查两种。测试的目的是观察被测者的心率、血压、心电图的起伏状况。通过检测心血管系统的健康状态，来评定被测者的心脏功能并以此为依据制定出科学实用的运动处方。

3.呼吸系统测试

针对呼吸系统测试的项目种类繁多，主要是从人体肺活量、通气功能以及屏气实验等多方面测试人体的运动能力和健康状态，特别是对于有氧运动项目来讲，测试呼吸系统的性能十分必要。

4.有氧耐力测验

进行有氧耐力测验时主要采取走、跑、游泳这三种基本方式。目前，惯用的测试方式主要有定时的耐力跑和定距离的耐力跑两种。通过对受测者进行以上两种测试，基本可以了解受测者的健康状况、体力水平和运动能力。再根据受测试者的反应，制定科学、合理、针对性强的运动处方，从而保障运动者的运动目标顺利实现。

二、制定运动处方的原则

制定运动处方时除了要依据可行的健康标准，还要在满足运动者实际需求的基础上遵循一定的运动原则，制定出实效、合理、针对性强、可以全面提高运动者身体素质的运动处方。

（一）安全性原则

制定运动处方首先是为了顺利达到运动者预定的运动目标，其次一定要保证运动者的安全。在制定前首先应对运动者进行全面的身体检查和体力测试，根据运动者身体的实际情况制定有针对性的运动处方，要最大限度地避免运动损伤的出现，保障运动者的安全。运动者一定要严格执行运动处方的各项规则和要求，选择适合自身运动负荷的项目进行运动。

（二）针对性原则

由于每名运动者的具体情况都是不同的，不同年龄、不同体质的人进行同一种运动，结果也会不同，甚至还会出现运动损伤。因此，制定运动处方时，必须因人而异，要有一定的针对性。老年人和年轻人如果用同一种运动处方，老年人可能无法完成，而年轻人则可能达不到应有的运动效果，这对双方来说都是不利的。另外，每个人的身体状况都是在不断变化的，任何人不可能永远都按照同一个运动处方进行运动。所以，在制定运动处方时，必须根据每个人的具体情况量身定制，区别对待。这就是运动处方的针对性原则。

（三）渐进性原则

渐进性原则是指运动处方要根据运动者体质增强的规律而制定，在实施运动处方时，要根据个人的体质状况由小到大逐步增加运动负荷，遵循循序渐进的原则。关于渐进时间和每次渐进的量，应按照负荷和有效价值所规定的时间确定合理的渐进指标，并且要按照每个指标合理安排渐进的幅度和渐进的时间。

运动处方的渐进性原则主要是指按照循序渐进的特点，遵循超量恢复的法则来逐步提高运动负荷量。如果在运动的过程中仅按照一个运动处方进行运动，是不可能有效达到运动的目的的。而突然进行一次大强度、长时间和多次重复的运动，会违背循序渐进的宗旨，这样不仅达不到应有的运动效果，甚至还会造成运动损伤，影响下一步的运动计划。

（四）全面锻炼原则

人体是由大脑皮层统一调节的有机体，其中包含多个系统，并且每个系统之间都是互相联系和互相促进的，各个系统都有自己的功能，且各系统间不可互相替代。因此，在进行运动时，必须按照运动处方进行，本着全面锻炼的原则，对身体各个部位进行锻炼，从而获得身心的全面发展。在锻炼的过程中，运动者还要结合运动的目标，合理调配饮食结构，以保证营养物质与运动目标的有机结合，促使机体与运动目标协同发展。

（五）可操作性原则

在制定运动处方时需要充分考虑到运动者所处的环境与实际的运动条

件，充分利用体育资源，制定可操作性强的运动处方，保证运动的科学性和有效性。制定出的运动处方必须有一定的可操作性，否则运动者就无法按照运动处方开展运动活动，就更谈不上达到运动的效果了。

第三节 运动处方的实施与监控

不同效果的运动处方经过测量、制定后，紧接着就要具体检测处方的实施效果。在实施运动处方的过程中，运动者要切合自身的实际情况及时地调整运动处方的实施方案，始终保持运动处方的科学性、有效性和可行性，最大限度地保障运动促进健康的效果。

一、运动处方的实施

运动处方在实施的过程中一般会分为三个部分进行，不同的实施阶段会安排不同的运动内容，达到不同的运动效果。大学生在按照运动处方进行运动时，一定注意坚持实行处方在每个运动阶段的计划。

（一）运动前的准备活动阶段

运动者在运动前的准备活动尤为重要，正如很多大赛前都会有专门的人员为运动员进行热身一样，这是一种科学的运动方法，也是必须进行的运动过程。准备活动可以帮助运动者的身体从安静状态转换到运动状态，避免因为突然运动而引起肌肉拉伤、韧带撕裂、关节脱臼，以及心血管系统和呼吸系统等因为剧烈运动出现超负荷意外。科学、适宜的准备活动可以有效地提高运动效果，使运动效果更加明显。

（二）运动中的基本活动阶段

准备活动结束后，运动者紧接着要进入运动处方的第二阶段——运动中的基本活动阶段。这个阶段的安排主要是为了帮助运动者实现强身健体或顺利康复的目标。运动者在进行运动时，一定要完全按照设计好的运动处方来决定运动内容、运动强度以及运动时间。

（三）运动后的整理活动阶段

运动处方的第三阶段即运动后的整理活动阶段，也是整个运动处方的重要阶段之一。它的主要目的是防止运动者剧烈运动后突然停止运动而引起身体不适，像头晕眼花、恶心、运动损伤等。因此，运动者在运动结束后，不可以立即停止运动，进入休息状态，而是应该先进行一些减缓运动，经过一小段时间的整理运动后逐步结束运动，这样才能更好地帮助机体缓解疲劳，恢复体力，促进健康。

二、运动处方的监控

大学生在参与运动时，身体会产生一定的疲劳现象，这属于正常的运动综合症状，不会对机体产生危害，因此不能因为身体有疲劳现象就终止运动，机体会通过肌肉疲劳与恢复的过程来促进机体功能增强，提高机体的健康水平。但是也不能过度运动，因过度运动而产生的过度疲劳对身体是没有益处的。大学生在实施运动处方的过程中，一定要采取必要的方法或措施进行自我监督和医务监督。

（一）自我监督

大学生在运动时，首先要根据自身的体质状况、运动基础、自身优势以及综合参与运动的计划来选择合适的运动项目。在运动过程中，为了让运动更好地促进健康，一定要随时观察自身的健康状态和机体的功能状态。具体的观察项目，主观感觉类的有运动心情、运动后的感觉、运动后的食欲、排汗量等，客观类的有运动后脉搏的跳动状态以及运动效果等。

（二）医务监督

大学生在实施运动处方时，如果本身患有疾病，不可以不经过医生的指导而盲目参与运动，一定要在具有心电监测和及时抢救的医生或有医务监督的条件下参与运动。

第四节 实用运动处方

一、有氧运动项目的运动处方

有氧运动被称为"健康运动"的主要原因有以下几个方面：第一，这种运动方法简便易行，其运动形式对技巧的要求不高，除步行、健身跑、游泳、骑自行车外，还有原地跑、登楼梯、健身操、跳绳等；第二，这是一种可对运动负荷强度、练习数量、持续时间和每周运动次数进行自监自控的运动方法，安全有效；第三，这种方法科学性强，它的特点是强度低、有节奏、不中断、可持续时间较长。

现仅对几项常用的有氧运动项目的运动处方的制定进行简单介绍，供运动实践参考。

（一）步行

走路是人们日常基本的活动之一，是人们强身健体、延年益寿的最佳途径，也是每一个健全的人每天要做的事情之一。它不限时间、不限地点、不限运动者的年龄和性别，年老体弱、身体肥胖和患有慢性病的人都特别适合用这项运动来进行健身。

但是相对于年轻人来讲，步行比较浪费时间，同样的运动效果，步行要比跑步多付出两倍的时间才能达到，如表 6-2 所示。

表 6-2　走和跑的能耗

走·跑速度（米/分钟）	能耗（焦/千克-分钟）	梅脱
60	0.33	4.5
80	0.41	5.5
100	0.48	6.6
120	0.65	7.7
140	0.64	8.7
160	0.71	9.8
180	0.79	10.9
200	0.87	11.9
220	0.95	13.0
240	1.03	14.0
260	1.11	15.1
280	1.18	16.2
300	1.26	17.3

注：按体重 60 千克计算。

梅脱（Met）即代谢当量，1 梅脱相当于每千克体重每分钟耗氧 3.5 毫升。

1.步行健身的运动效果

（1）散步是人们茶余饭后的一种积极健康的运动方式。研究证明，轻快地步行可以有效地缓解神经肌肉的紧张状态。著名的美国心脏病专家怀特曾经说过：心情愉快地步行和其他提高体质的运动一样，不仅能有效健身，而且是治疗情绪紧张的最佳镇静剂。每天坚持步行 60 分钟，可作为保持心脏健康的理想手段。

（2）长期、规律的步行运动可促进体内糖类代谢的正常化，人们饭前饭后进行散步运动是防治糖尿病的有效措施。实践证明，中老年人每天以每小时 3 000 米的速度运动 1~2 小时，人体代谢率可提高 50 %，糖类的代谢也能得到明显的改善。

（3）步行运动具有良好的减肥效果。对于因为多食少动而肥胖的人们来说，长时间地疾走可以有效地消耗体内的热量，促使体内机能更高效地消耗多余的脂肪。如果能每天坚持步行运动，再适当地控制饮食量，就可以有效地控制身体发胖。

（4）步行运动有助于关节疾病的防治。步行是需要承受体重的运动，坚持规律运动可以有效预防骨质疏松症、延缓退行性关节的变化和消除风湿性关节炎等。

（5）步行是增强心脏功能的有效手段之一。大步疾走时，下肢大肌肉群的收缩可使心脏跳动加快，心跳脉搏量增加，血流加速，以适应运动的需要。步行还可在一定程度上改善冠状动脉的血液循环，这对心脏有很大的好处。

2.步行运动处方

步行运动应以下列五点为基准：

（1）速度：以 100 米/分钟为限。

（2）运动量：行走距离为 1000×2=2000 米（往返）。

（3）运动频率：每日或隔日 1 次，每次 20 分钟。

（4）动作要求：步行的姿势上半身略前倾，大步流星地走。

（5）注意事项：为防止对头部的震荡，鞋后跟最好是橡胶底。

（二）慢跑

慢跑又被称作健身跑。相对于其他中长跑运动，健身跑的优点很多，不管是在运动距离还是运动强度上来讲，慢跑更具备轻松性、随意性，属于中低强度的运动练习，比较适合中老年运动者和处在恢复期的慢性病患者。除上述因素外，从运动医学的观点来看，慢跑受人们欢迎的主要原因还有三点：一是比较安全且省时间；二是健身效果好且见效快；三是运动量容易控制，男女老少可以随时随地进行健身跑运动，也便于终身坚持运动。

慢跑虽然说是比较安全的运动项目，但个别人由于跑步技术不正确或运动量过大，也会发生某些运动损伤，其性质多数是轻微的。此外，慢跑时下肢关节受力较大，容易引起膝关节疼痛。由于脚下不停地重复快速的动作，慢跑受伤的概率大于步行和游泳。因此，缺乏运动的中老年人，宜先练步行，待基础体力提高后再慢跑，过渡期间可走、跑交替练习，使机体有一个适应的过程。

1.慢跑健身的运动效果

（1）慢跑运动能够有效改善由运动不足、生活安逸以及精神紧张等因素引起的"生活方式病"，对高血压、糖尿病、动脉硬化、冠心病、肥胖症等疾病有很好的防治作用。

（2）慢跑运动能够促进人体在大自然中摄取氧气，提高机体的新陈代谢，增进健康。到大自然中跑步还能陶冶情操，是一举多得的健身方法。

（3）慢跑运动能够坚实人体的骨骼、关节和腿部肌肉，强健人体的心肺功能。

（4）慢跑运动能够磨炼人的顽强意志，持之以恒地运动可换来健康的心态，从而能更好地迎接现代生活方式的挑战。

2.慢跑运动处方

（1）慢跑的运动量、运动强度和运动时间。慢跑运动中，运动量的大小主要由运动强度的高低和运动时间的长短来决定，它们两者之间是以运动强度为主，以运动时间为辅。运动者应该根据自身的运动条件，选择合适的运动强度和运动时间来加以运动。

第一，常规健身跑。常规健身跑是指人们按照自身运动状况而选择的千米慢跑运动，最初先以每次1 000米进行运动，等身体负荷完全适应运动状态后，再每周或者每两周按照定性规律每次增加1 000米，跑速控制在每1 000米8分钟以内，最终跑步距离增至5 000米即可。运动者根据自身的体质可选择每日运动或隔日运动。

第二，短程健身跑。运动者从最初的50米跑起步，逐步增到400米跑，跑速不要太快，速度一般控制在100米40秒以内，平均每周测量两次。当运动距离增至1000米后，短时间内不要再次增加运动距离，开始逐渐增加跑步速度，以提高运动的强度。刚开始增加运动速度时，为巩固运动强度，可增加运动频率，每日一次或两日一次。

第三，间歇健身跑。年龄偏大或体质较差的运动者更倾向于采取间歇健身跑的方式进行运动，它是一种采用行走和慢跑相结合的练习方式。初练者一般会从快走60秒、慢跑30秒开始，反复交替进行练习来提高心脏负荷力。练习时间共计30分钟，以后再根据体力状况逐步增加运动量。

（2）慢跑的技术要领。慢跑的正确姿势是上体正直并稍前倾5°左右，使头与上体成一直线，不左右摇晃，双眼平视，面部和颈部的肌肉放松。两臂摆动时，肩部要放松，上臂自然下垂，肘关节的曲度稍小于直角，两手自然半握拳，前摆时手稍向内，后摆时肘稍向外，做到"前摆不露肘，后摆不露手"。

（3）慢跑注意事项。慢跑时要注意掌握好呼吸节奏。所谓呼吸节奏就是让呼吸和慢跑的步子频率配合好。一般常采用"222"的呼吸节奏，即"两步一吸，两步一呼"的方法，也有采用"323"或"424"呼吸节律的，并且多主张采用鼻和半张口同时呼吸的方法。掌握好呼吸节奏，跑起来就会感到轻松自如。

（三）游泳

游泳的优点有很多，这是一项可以促进身体全面发展的运动，男女老少皆宜，又不易受伤，而且也是一种实用的生活本领，故应提倡幼年时期就练习游泳。

游泳运动的缺点是游泳场地条件受限制，不易常年坚持锻炼。

1.游泳健身的运动效果

（1）游泳是一项全身运动。游泳时，水的阻力比空气阻力大 820 倍，不论哪种游泳姿势，人的肢体都要不停地进行收缩和舒张，全身的肌群都会参与活动。长时间游泳可促使身体各部分关节和肌肉都得到良好的锻炼，所以，经常游泳不仅能使身材匀称，富有曲线美，而且可以提高肌肉的力量，刚柔适中。

（2）游泳是一种周期性运动，肌肉的紧张和放松交替进行，长时间游泳可使肌肉变得柔软且富有弹性。

（3）游泳的减肥效果。水的导热性比空气快 28 倍，由于游泳时人体的热量散发很快，所以必须尽快地补充身体所失去的热量，以抵抗冷水的刺激。在同样的时间、强度下进行运动，在水中运动要比在陆地上运动消耗更多的能量。研究证明，身体肥胖者如果能够每天坚持游泳 30 分钟，并且不增加饮食量，完全可达到减肥的效果。

（4）游泳可有效提高肺活量。当人体在水中浮动处于水平姿势时，接近于悬浮状态，胸部受受到 12~15 千克水压，因此必须不断地加深呼吸。长期游泳，呼吸肌就会变得强壮有力，从而增大呼吸差和肺活量。

（5）游泳有利于锻炼骨髓的灵活性和柔韧性，能更好地促进骨髓的生长发育，还可以预防少儿佝偻病和软骨病的发生。

2.游泳运动处方

游泳时的能量消耗很大，原因有如下几点：

（1）水的温度越低，人体散热越多，能量消耗也越多。例如在 12 ℃的水中停留 4 分钟所散发的热量，相当于人在陆地上 1 小时所散发的热量。

（2）用相同的速度、不同的游泳姿势时，自由泳的能量消耗大于蛙泳。

（3）游泳的速度越快，受阻力越大，消耗的能量就越多。

在制定水中游泳运动处方时，需要对陆上运动的运动处方的制定原则做出相应的调整。日本学者小早川智治对人体游泳时的最大心率与跑步时的最大心率做了研究，以探讨水中适当的运动强度。结果显示，人体在水中的最大心率比陆上低 11 次/分钟，如被检查者的目标心率陆上平均为 151~186 次/分钟，而水中为 144~176 次/分钟，低 7~10 次/分钟，再用"220-年龄"推算最大心率时，则水中的低 13 次/分钟，水中目标心率低 7~11 次/分钟。因此，陆上运动处方应用于水上时，人们要按照各种心率值减去 12 次/分钟来处理。

（四）登楼梯

登楼梯是近年来发展最快的有氧健身运动。研究结果表明，每天登 5 层楼梯，可使心脏病的发病率比乘电梯的人少 25 %。美国斯坦福大学于 1987 年的研究结果证实，登 1 级楼梯，可延长预测寿命 4 秒钟。研究还发现，一个人每星期登 5 000 级楼梯（每日登 714 级，相当于上下 6 层楼 3 次），死亡率比那些不运动的人低 1/4~1/3。由此科学家得出结论：坚持登楼梯，每 30 年便可延长寿命 1 年。

登楼梯毕竟是一种比较激烈的有氧运动形式，运动者必须具备良好的身体素质，且具有一定的训练基础。登楼梯并不能替代跑步、游泳等健身运动项目。

1.登楼梯的运动效果

据统计，登楼梯时消耗的热量比静坐多 10 倍，比散步多 3 倍，比步行多 1.7 倍，比打乒乓球多 1.3 倍，比打网球多 1.5 倍，比骑自行车多 1.5 倍，比打排球多 1.4 倍。

2.登楼梯运动处方

（1）登楼梯一般有登楼梯、跑楼梯及跳台阶三种形式，可按自己的体力进行选择。

（2）"登楼梯机"。该机器使用起来很方便。运动者只需像踩自行车那样踩踏上下转动的两块踏板即可，且该机器有先进的计算机控制程序，可随时在屏幕上显示出时间、距离、步数、速度、心率、体重、热量消耗等各种参数，并且有多个难度（阻力）等级可供选择。

（五）倒走

倒走时，首先要选择平坦、安全的场地，不要在马路上练习，初期进行这项运动时一定要慢行，衣服、裤子和鞋子要选择和散步、慢跑类似的装备。

倒走这项运动方式，可以有效地刺激平时难以活动到的肌肉，平衡血液循环和肌体的状态，同时对神经衰弱、失眠、高血压等都有极好的防治作用。

（六）登山

登山作为体育运动项目来讲，秋季是进行这项运动的最佳季节。登山运动在我国被称作"心血管体操"，它对人体可起到增加肺活量、促使脑血流量增加、增强血液循环系统、提升尿液酸度的作用。长时间、多次数登山，不仅可以增强心脏和血液循环系统的功能，还能保证血糖、血压、血脂维持在正常水平，同时对人们预防骨质疏松症、促进骨骼健康具有特殊作用。

四、发展心肺功能的运动处方

运动目的：提高心肺功能，发展有氧耐力素质。

（一）运动项目

长距离步行、慢跑、骑自行车、游泳、划艇、爬楼梯等全身大肌肉的持续性活动。

（二）运动强度

（220－年龄）×（60%~80%）的目标心率。

（三）运动时间和频率

每次 20~60 分钟，每周 3~5 次。

（四）注意事项

每个人的适应水平和能承受的运动强度不同，运动持续的时间也应根据自身情况有所区别。对于适应水平低的运动者来说，20~30 分钟就可提高心肺适应水平；而适应水平较高的运动者则需要 40~60 分钟。所以，运动者可根据自身的运动水平和运动基础来调整运动的频率和强度。一般来讲，每周进行两次运动可以达到有效增强心肺适应能力的功能，三至五次的运动可以使运动损伤的概率降到最低，心肺功能的适应水平达到最高。

凡是有大肌肉群参与的、慢节奏的持续性运动都可作为运动方式。人们可以按照自己的兴趣选择喜欢的运动，另外还要考虑可行性和安全性。运动中相对来讲不易受伤的人群就可以任意地选择运动项目，容易产生运动损伤的人群就要在选择项目时有所顾忌，一定要选择运动动作不激烈、对身体冲击力相对小的项目进行运动。

二、发展肌肉力量的运动处方

运动目的：提高肌肉力量和爆发力。

（一）运动项目

哑铃或杠铃。

（二）运动强度

选择 8～12 个主要肌肉群练习，以 8～12 最高重复次数的重量或阻力做 8～12 次/组，共做 1～2 组，组间休息时间 1～3 分钟。

（三）运动时间和频率

每次总练习时间 20 分钟为最佳，每周 1～2 次。

（四）注意事项

每周进行 4 次运动是能坚持长期肌肉力量运动的最大频率限度。一般来说，运动者进行运动的频率为每周 1～2 次最佳，这样既能保证不产生运动损伤，还能有效增加肌肉力量，运动成果也可最大限度地体现出来。力量运动的间隔时间，一般会以肌肉能彻底恢复的时间为参考，正常情况下，肌肉在停止运动后 5 秒能恢复 50 %，2 分钟左右可以完全恢复，所以为了保证运动效果，每次运动的间隔时间要控制在 2 分钟以内，每次练习总时间以 20 分钟最为适宜。

当运用杠铃练习时，须有同伴帮助，以便在需要时得到保护。

三、发展柔韧素质的运动处方

运动目的：提高柔韧性。

（一）运动项目

被动静力性伸展法或本体感受神经肌肉伸展法。

（二）运动强度

每组肌肉伸展至拉紧或有少许酸痛感觉为止。

（三）运动时间和频率

每组肌肉伸展 10～30 秒钟，大肌肉群可伸展 30 秒钟。但是每个姿势的持续时间和次数应逐渐增加，一般从 10 秒钟逐渐增加到 30 秒钟。可每天练习或在运动后练习。

（四）注意事项

进行柔韧性练习时，动作的幅度要逐渐增大，用力要柔和，以避免受伤。

静力性练习一般保持 8～10 秒钟，重复 8～10 次可收到良好的效果；动力性练习一般保持在 15～25 次。还要针对身体进行全方位的运动，不管是运动前的准备活动、运动后的伸展运动还是进行关节柔韧度的练习，都要兼顾其他及全身关节柔韧性的锻炼。

参 考 文 献

[1]王晓东.健康导向下高校体育运动中的安全保障策略：评《运动安全与健康》[J].安全与环境学报，2024，24（02）：821.

[2]张蕾.健康中国视域下高校体育运动风险致因及防控策略研究[J].体育视野，2023（20）：107-109.

[3]翟一飞.提升大学生体育素养与运动技能的路径分析：评《普通高校体育与健康教程》[J].中国学校卫生，2023，44（03）：487.

[4]王海兰.高校体育运动与心理健康互动发展分析[J].体育风尚，2022（11）：113-115.

[5]鲁海涛.高校体育健康促进对大学生运动行为的导向性分析[J].安阳师范学院学报，2022（05）：102-107，114.

[6]任楠.健康导向下的高校体育运动中安全防护对策：评《运动安全与健康》[J].安全与环境学报，2022，22（04）：2308.

[7]孙琴，王彦英，王克平.健康教育融入高校体育课程内容体系与实践路径[J].中国学校卫生,2022，43（08）：1126-1129.

[8]陈晓斌.高校体育运动对大学生心理健康的影响研究：评《大学生心理健康》[J].中国学校卫生，2022，43（06）：963.

[9]李国辉."健康中国"视域下高校体育课堂隐性运动弱势群体的教学干预[J].广州体育学院学报，2021，41（04）：107-109.

[10]康妲，高泽谨，练成，等.基于体育健身视角的甘肃省平凉市居民健康需求调查[J].疾病预防控制通报，2021，36（05）：78-80.

[11]邢晓冬，王文燕，桂云.运动教育模式在高校体育教学中的引入与构建：评《新时代大学体育与健康教程》[J].热带作物学报，2021，42（07）：2150.

[12]郭威利，吉家文，杨沁沁，等.全民健康背景下高校体育教育教学创新探索[J].食品研究与开发，2021，42（14）：242-243.

[13]汪映川，郑国祥，成守允.大学生体育运动自律行为培养研究[J].高教学刊，2021，7（20）：171-176.

[14]程帆.高校体育运动与心理健康互动发展研究[J].中国神经免疫学和神经病学杂志，2021，28（02）：173.

[15]张勇，马祖长，王钰，等.高校体育"健康第一"理念的实现路径研究：基于运动数据化的大学生健康促进管理体系[J].安徽工程大学学报，2017，32（03）：83-87.

[16]翁薇.重视健康体育运动理念，促进高校体育教育课程改革[J].教新课程（教师版），2015（11）：274-275.

[17]王睿.上海市普通高校体育与健康课程运动参与目标的达成与对策[D].上海：上海体育学院，2011.

[18]王星懿.高校体育操舞类课程学生体质健康状况及影响因素分析：以宁波大学为例[D].宁波：宁波大学，2021.

[19]甄祥凯.高校阳光体育运行的长效机制："播撒阳光"还是"走进阳光"[D].济南：山东大学，2014.

[20]董红杰.拓展训练引入高校体育教学对大学生运动素质及心理健康影响的实验研究[D].扬州：扬州大学，2009.